Julian Nida-Rümelin

Demokratie und Wahrheit

Julian Nida-Rümelin

Demokratie und Wahrheit

Verlag C.H.Beck

Satz: Fotosatz Otto Gutfreund GmbH, Darmstadt
Druck und Bindung: Friedrich Pustet, Regensburg
Gedruckt auf säurefreiem, alterungsbeständigem Papier
(hergestellt aus chlorfrei gebleichtem Zellstoff)
Printed in Germany
ISBN 10: 3 406 54985 3
ISBN 13: 978 3 406 54985 4

www.beck.de

Inhalt

Erstes Kapitel
Philosophische vs. Politische Vernunft

Zweites Kapitel
Universalität und Partikularität

Drittes Kapitel
Ethische Begründung

Viertes Kapitel
Eine Verteidigung von Freiheit und Gleichheit

Vorwort

Demokratie ist ohne Wahrheitsansprüche inhaltsleer. Demokratie ist kein bloßes Spiel der Interessen. Politische Entscheidungen sind nicht lediglich ‹Dezisionen› ohne Begründung und ohne ethischen Gehalt. Demokratie kann Frieden stiften, aber sein Preis kann nicht die Einebnung existentieller Differenzen der Kultur und der Lebensform sein. Wo dies versucht wird, wo die Geschichte in liberaler Indifferenz, in Kaufmannsgeist und globalem Markt zu ihrem Ende kommen soll, geschieht das genaue Gegenteil: Das vermeintlich Indifferente will sich nicht integrieren lassen und wächst sich zur großen Bedrohung aus.

In vier Kapiteln befasst sich dieses Buch mit dem Verhältnis von philosophischer und politischer Vernunft. Wie verhält sich die Logik der Erkenntnis zur Logik politischer Entscheidung? Ich argumentiere dafür, dass die Wahrheit, das Ringen um das empirisch und normativ Richtige, einen zentralen Ort hat in der Demokratie. Diese These muss gegen postmoderne Beliebigkeit ebenso wie gegen die libertäre Utopie des universellen Marktes verteidigt werden. Aber sie muss sich auch abgrenzen gegen die meisten ihrer Verteidiger: Die Wahrheit, von der hier die Rede ist, verlangt keine endgültigen Gewissheiten, nicht einmal die besondere Expertise der Eingeweihten. Es gibt kein sicheres Verfahren, wahre von falschen Überzeugungen zu scheiden. Es bleibt uns nichts übrig, als uns auf die alltäglichen Begründungen unserer empirischen wie normativen Überzeugungen zu stützen, die in der öffentlichen demokratischen Kultur von wissenschaftlicher Rationalität zwar imprägniert, aber durch diese nicht ersetzt werden können. Dies führe ich im ersten Kapitel «Philosophische vs. Politische Vernunft» näher aus.

Demokratie hat ein ethisches Fundament. Dieses spiegelt nicht lediglich die kulturelle Verfasstheit einer ‹westlichen› Gesellschaft wider, sondern beansprucht in Gestalt der Menschenrechte universelle Geltung. Demokratie steht in der Spannung dieser normativen Universalität und den Partikularitäten ihrer jeweiligen politischen Kultur. Welche Rolle spielen Partikularitäten für die ethische und politische Theorie? Es muss gezeigt werden, wie sich diese Spannung aushalten und soweit nötig aufheben lässt. Dies geschieht im zweiten Kapitel «Universalität und Partikularität».

Wie kann man von einem ethischen Fundament der Demokratie sprechen, wenn wir in einer tiefen moralischen Krise leben, die keine Verbindlichkeiten kennt und keine normativen Wahrheitsansprüche zulässt? Müssen wir nicht all unseren moralischen Intuitionen misstrauen und eine neue, post-traditionale Ethik entwickeln, die im doppelten Sinne rationalistisch ist, zum einen weil sie alle ethischen Einsichten aus einem grundlegenden Vernunft-Prinzip ableitet, und zum anderen weil sie meint, etwas lasse sich nur begründen, wenn es im eigenen Interesse ist? Wenn dem so wäre, dann allerdings stünde es in der Tat schlecht um die ethische Dimension der Demokratie, aber auch generell des menschlichen Zusammenlebens. Im dritten Kapitel erläutere ich daher eine Konzeption ethischer Begründung, die in diesem Sinne nicht rationalistisch ist. Es gibt meines Erachtens keine moralische Krise als Folge der Säkularisierung unserer

Gesellschaft und daher auch keinen Bedarf, eine solche durch eine philosophische Ethik zu beheben, die fernab lebensweltlicher Praxis angesiedelt ist. Die moralische Motivation ist mehr als die Kalkulation unseres Eigeninteresses, unter welchen faktischen und kontrafaktischen Bedingungen auch immer.

Schließlich stellt sich die Frage, wie das normative Fundament der Demokratie inhaltlich näher zu bestimmen ist. Freiheit und Gleichheit scheinen mir ihre beiden Grundpfeiler zu sein. Keiner der beiden trägt ohne den anderen. Man kann Freiheit nicht gegen Gleichheit ausspielen und Gleichheit nicht gegen Freiheit. Vor Jahren hatten Ideologien Konjunktur, die den Grundwert der Freiheit zugunsten desjenigen der Gleichheit opfern wollten. Das Pendel schlägt unterdessen vergleichbar heftig in die entgegengesetzte Richtung aus. So wie ich damals die Freiheit gegen ihre ideologischen Kritiker verteidigt habe, verteidige ich nun die Gleichheit gegen ihre modische Verachtung. Dies geschieht im vierten und letzten Kapitel.

Alle vier Texte behandeln unterschiedliche Aspekte des Verhältnisses von philosophischer und politischer Vernunft. Gemeinsam ist ihnen eine doppelte Opposition: gegen postmodernen Relativismus einerseits und einen hypertrophen Rationalismus andererseits. Die hier vertretene erkenntnistheoretische Position steht Ludwig Wittgensteins Gedanken in *Über Gewißheit* zumindest nahe. Wer sich für die rationalitätstheoretische Dimension näher interessiert, den muss ich auf mein *Strukturelle Rationalität* (Reclam 2001) verweisen.

Ich weiß, dass ich mit der hier entwickelten Konzeption nicht alle überzeugen kann, weder diejenigen, die nach einem metaphysischen und unbezweifelbaren Fundament ihrer normativen Überzeugungen suchen, noch diejenigen, für die alles nur ein Spiel – der Interessen oder der Macht – ist. Aber wem es ernst ist, wem es um die humane Substanz unserer demokratischen Ordnung geht, wer nicht lediglich Privatperson mit ihren Interessen, sondern auch Bürger sein will, dem kann ich vielleicht Mut machen – weil Toleranz mit festen normativen Überzeugungen vereinbar ist, weil Wahrheitsansprüche nicht Unfehlbarkeit voraussetzen, weil Wissenschaft nur *eine* Form der Rationalität ist, weil eine Demokratie ohne den ernsthaften und öffentlichen Austausch praktischer und theoretischer Gründe zum großen Illusionstheater würde.

JNR, München im April 2006

Danksagung

Ich danke den Teilnehmern meines philosophisch-politischen Colloquiums für manche anregende Diskussion und Frau Dr. Claudia Althaus vom Verlag C. H. Beck sowie Frau Christine Bratu, M. A. für wertvolle Corrigenda zum Manuskript.

Erstes Kapitel

Philosophische vs. Politische Vernunft[1]

Wir sind bis in die Gegenwart orientiert an einem im Grunde platonischen Modell von Erkenntnis und Wahrheit und in ihren Rollen in der Politik. Platon hat, das macht ihn nicht nur zum Philosophen, sondern auch zum Poeten, an Stellen, die besonders schwierig sind, zu Bildern gegriffen. Eines ist das des Höhlengleichnisses. Da sitzen Menschen in einer Höhle, sind gefesselt, schauen auf die Wand und sehen Schattenbilder; diese Schattenbilder entstehen durch Gegenstände, die in der Höhle herumgetragen werden, ein Feuer wirft die Schatten an die Wand. Einer von diesen Gefesselten wird nun losgebunden und heraufgeführt. Der Weg nach oben ist beschwerlich, die Person kommt vorbei an den Gegenständen, an dem Feuer, tritt aus der Höhle, ist geblendet, sieht nichts, sieht zunächst nur nachts und tagsüber Spiegelungen und zuletzt, nachdem sie sich ans Licht gewöhnt hat, auch die Sonne. Die Sonne als Quelle allen Wachstums, aber auch als Voraussetzung der Erkenntnis symbolisiert die Idee des Guten, zugleich die Bedingung der Erkenntnis und die Bedingung allen Werdens, allen Gedeihens. Die Geschichte ist jedoch hier noch nicht zu Ende: Die Person kehrt in die Höhle zurück und trifft auf diejenigen, die dort unten immer gefesselt waren. Sie versucht ihnen zu erklären, was die Schattenbilder eigentlich bedeuten und stößt auf Unverständnis. Die Gefesselten in der Höhle, Experten in Schattenbildern, verstehen nicht, was das soll, und sind nicht bereit, die Schattenbilder als solche zu interpretieren. Das ist die Aporie der

Rolle von Erkenntnis in der Politik. Platon meint, diese dadurch auflösen zu können, dass sich alle auf ihre jeweiligen spezifischen Fähigkeiten konzentrieren sollen: Die einen sollen Dinge des täglichen Bedarfs herstellen, wie Nahrung und Kleidung, die anderen sollen sich der philosophischen Erkenntnis widmen, und das Ganze wird durch Besonnenheit (Sophrosyne) zusammengehalten. Aber er war offenbar mit dieser Lösung nicht zufrieden, das zeigt sein Spätwerk *Die Gesetze (Nomoi)*, das Modell des Rechtsstaates. Das Spannungsfeld, das in diesem Werk skizziert ist, prägt zu einem guten Teil auch unsere heutigen Diskurse über die Rolle von Erkenntnis in der Politik. Man kann regelmäßig Aufsätze in Feuilletons lesen, in denen behauptet wird, dass jemand, der für politische Programme einen Wahrheitsanspruch erhebt, übersehe, dass diese lediglich Interessen repräsentierten, und es dürfe sich auch um nichts anderes handeln, weil sonst die Demokratie als solche gefährdet wäre, ihre Konflikte nicht mehr moderierbar wären.

Ich möchte zur Strukturierung des Argumentes *vier unterschiedliche Oppositionen* zu der Auffassung voranstellen, dass Politik etwas mit Erkenntnis zu tun habe. Das ist einmal die Opposition, die man mit ganz unterschiedlichen Denkern in Verbindung bringen kann, z.B. Thomas Hobbes oder Carl Schmitt. Das Politische wird hier im Wesentlichen als das Verfügen über Gewaltmittel und über die – bei Thomas Hobbes – befriedende Rolle, die die *Konzentration aller Gewaltmittel* in einer Hand spielt, verstanden. Die zweite Opposition besagt, dass das, was als Argument auftritt, nur eine andere Form sei, in der Interessen verfolgt werden. Dies sei auch kein Schaden, da es in der Politik ja um nichts anderes gehen könne als um Interessenwahrnehmung. Eine insbesondere in den USA starke Strömung der «Libertarians», also derjenige Strang des Liberalismus, für den die *Marktbeziehungen im Zentrum* stehen, für die der Markt das Paradigma vernünftiger Interaktion ist, führt das stringent zu einer Theorie des Politischen: Die Befriedung entsteht durch den Ausgleich von Angebot und Nachfrage, durch Transfers materieller wie immaterieller Güter. An die Stelle der alten großen Leidenschaften, die die Politik in der Menschheitsgeschichte angetrieben haben, treten nun die rational verfolgbaren Interessen im Rahmen einer Marktordnung. Eine dritte Opposition stellt der Erkenntnis, stellt Wahrheitsansprüchen in der Politik, *Identität* gegenüber. Die leitenden Wertvorstellungen in der Politik sind demnach geprägt durch die Zugehörigkeit zu regional, kulturell oder ethnisch verfassten Gemeinschaften. Dementsprechend geht es in der Politik nicht wirklich um Erkenntnisfragen, sondern um Identitätsfragen. Die vierte Opposition kann mit dem Stichwort «Kooperation» charakterisiert werden. Politik ist danach eine Form der Praxis, die darauf beruht, dass Personen als Citoyens, nicht als Bourgeois miteinander in ein Verhältnis der Kooperation treten. Wir werden auf diesen Punkt noch einmal später zurückkommen.

I. Wahrheit und Konflikt

Die Demokratie in Europa hat zumindest einen, wenn nicht den wesentlichsten Ursprung in der *Erfahrung des Dreißigjährigen Krieges* (ein zweiter Ursprung ist die über Jahrhunderte tradierte Erinnerung der Intellektuellen an die Athenische Demokratie, an die *Polis-Demokratie der Griechischen Klassik*). Eine Auseinandersetzung zwischen zwei Weltanschauungen, zwei christlichen Konfessionen, hatte Europa an den Abgrund geführt. In weiten Teilen Europas waren als mittelbare und unmittelbare Kriegsfolge zwei Drittel der Bevölkerung umgekommen. Wenn man diese europäische Erfahrung des Dreißigjährigen Krieges wirklich verstehen will, muss man sich in eine andere kulturelle Situation hineinversetzen, die sich deutlich von dem unterscheidet, was wir Modernen, zumal als Angehörige einer multikulturellen westlichen Demokratie, kennen. Die Frage, welcher christlichen Konfession man anhängt, wird von uns heute nur selten als eine existentielle begriffen. Die nachlassenden Bindungen an die christlichen Kirchen werden seit einigen Jahren von einer Haltung der Toleranz aus Indifferenz begleitet. Der Nordirland-Konflikt erscheint uns als ein unverständliches Relikt mittelalterlicher Zeiten. Aber es gab schon im 16. Jahrhundert einen Vorboten dieser modernen *Toleranz aus Indifferenz*, die in der Formel *cuius regio, eius religio* zusammengefasst wurde. Diese Formel war jedoch nicht geeignet, die Konfliktlage zu entschärfen, die sich auf die jeweils andere Art zu leben, zu denken und mit Gott in Beziehung zu treten, bezog und die seit dem frühen 16. Jahrhundert entstanden war. So eskalierte der schwelende Konflikt, angereichert durch ökonomische und hegemoniale Interessen, in nicht enden wollenden Konfessionskriegen. Die Erfahrung des Dreißigjährigen Krieges war: Es gibt existentielle Konflikte, die sich um die richtige Art zu leben und zu sterben, um die richtige Art vor Gott zu treten, drehen. Es muss möglich sein, trotz dieser existentiellen Konflikte, und ohne dass man diese Differenzen aufgibt, miteinander so auszukommen dass das nicht in der wechselseitigen Vernichtung endet. Alles was später an Toleranzmodellen der europäischen Demokratie vorausging und dann in ihr normatives Fundament eingeflossen ist, kann man auf diese Erfahrung zurückführen.

Einigen Studien zufolge charakterisieren sich amerikanische Collegestudenten der ersten Semester bezüglich normativer Fragen als Subjektivisten. Sie sind der Auffassung, dass es keine objektiven Kriterien des Richtigen und Falschen gibt, sondern dass hier subjektive Haltungen, die durch unterschiedliche Kulturen oder individuelle Lebensgeschichten geprägt sind, aufeinander treffen. Das Merkwürdige ist allerdings, dass die gleichen Collegestudenten sehr dezidierte normative Auffassungen äußern, die sie auch zu begründen im Stande sind, etwa zu Fragen der internationalen Gerechtigkeit oder zur Korruption in der Politik. Sie führen Gründe an, warum andere, die anderer Auffassung sind, sich irren. Nicht nur für amerikanische Collegestudenten ist dieses Spannungsverhältnis charakteristisch, man könnte es als dasjenige zwischen einem *Subjektivismus zweiter Ordnung*, einem metatheoretischen Subjektivismus und einem *Objektivismus erster Ordnung*, einem Objektivismus der moralischen Urteilspraxis charakterisieren. Beides lässt sich jedoch nicht gleichzeitig vertreten, so scheint es zumindest. Aber wie so oft gibt es auch hier mindestens einen Philosophen, der diese Paradoxie zu einer Theorie ausgebaut hat. Ich denke da an John Mackie.[2]

Je tiefer Meinungskonflikte reichen, desto näher liegt der Gedanke ihrer Relativierung in Gestalt der einen oder anderen Form des philosophischen Subjektivismus. Es sind dann eben bloße Meinungen, deren Richtigkeit oder Falschheit nicht erwiesen werden kann, so dass es lediglich um einen *modus vivendi* geht, so miteinander umzugehen, dass diese Meinungsdifferenzen nicht zu unerträglichen Konflikten führen. Die Konflikte, die es zu vermeiden oder jedenfalls zu mäßigen gilt, betreffen praktische Fragen, d. h. sie treten dort auf, wo der Erfolg eigenen Handelns vom Handeln anderer abhängig ist, wo es um Interaktion geht. Es sind die praktischen Implikationen unserer Meinungen, die zur Mäßigung anhalten – Mäßigung durch die Aufgabe von Wahrheitsansprüchen, Mäßigung durch die subjektivistische Relativierung eigener und fremder Meinungen.

Der philosophische Subjektivismus tritt in zwei Grundformen auf: Eine könnte man als «existentielle» und eine als «spielerische» oder «postmoderne» bezeichnen. Für die existentielle steht Thomas Hobbes, der vor dem Hintergrund der europäischen Glaubenskriege im 17. Jahrhundert den zivilen Frieden durch die Konzentration aller Gewaltmittel in einer Hand und das Ende konkurrierender Wahrheitsansprüche in der Politik sichern wollte. Die spielerische Variante dagegen sichert den zivilen Frieden durch Indifferenz. Der linksliberale amerikanische Philosoph und Intellektuelle Richard Rorty ist hier ebenso zu nennen wie der eher konservative französische Denker François Lyotard.

Menschen bringen für ihre normativen Überzeugungen Gründe vor. Die meisten zeitgenössischen Philosophen versuchen das Vorbringen und Austauschen von Gründen zu subjektivieren. Bernard Williams hat mir vor ein paar Jahren einen Brief geschrieben, in dem er meinte, er könne gar nicht verstehen, wie man Gründen eine handlungsleitende Rolle zuschreiben kann, wenn diese nicht letztlich *desires*, also eigene Wünsche, seien oder solche zum Ausdruck brächten. Heute sind sich die meisten analytischen Philosophen einig, dass derjenige, der einen Subjektivismus bezüglich moralischer Überzeugungen vertritt, sich auf eine *Irrtumstheorie der Moral* festlegt. Das heißt, dass die tatsächliche Praxis der moralischen Argumentation, der wechselseitigen moralischen Kritik, der Einflussnahme, die reaktiven moralischen Einstellungen und Empfindungen nur in einer *objektivistischen* Interpretation Sinn macht und daher auf einem fundamentalen Irrtum beruht. So gesehen beruhe etwa der linguistische Sachverhalt, dass es unvereinbare moralische Überzeugungen gibt, dass generell normative Überzeugungen mit wenigen Modifikationen den Gesetzen der Aussagelogik folgen, auf einem Irrtum, den diese Praxis der Moral zum Ausdruck bringt, dem Irrtum nämlich, moralische Überzeugungen könnten objektiv zutreffend und objektiv unzutreffend sein. Die tatsächliche Form, in der wir moralisch argumentieren, ist zweifellos nicht subjektivistisch. Es gibt ernst zu nehmende Argumente, die für eine solche Irrtumstheorie sprechen. John Mackie bringt das Argument der *ontological queerness* vor. Nach seiner Auffassung müssten wir die Ontologie, die Theorie dessen, was existiert, mit merkwürdigen Entitäten anreichern, wenn wir einer objektiv und realistisch verstandenen Moralsprache Sinn verleihen wollten.[3] Es mag sein, dass das, was als Phänomen der Relativität moralischer Forderungen diskutiert wird, also die ganz unterschiedlichen Pflichten und Rechte, wie sie in verschiedenen Kulturen akzeptiert sind, zu einem Argument gegen die objektivistische Interpretation der Moralsprache ausgearbeitet werden kann (*argument from relativity*). Aber eines ist ganz zweifelsfrei: Die Logik der Moralsprache, die Art und Weise, wie wir uns über moralische Gründe austauschen, auch wie wir emotional auf moralische Verfehlungen reagieren, ist objektivistisch.

Wenn ich Gründe für etwas vorbringe, dann bringe ich damit zum Ausdruck, dass die Sachverhalte, die ich als Gründe anführe, dafür sprechen, dass meine Überzeugung wahr ist. Gründe sind von ihrer logischen Rolle und von ihrer grammatischen Form her als bloß Subjektives gar nicht fassbar. Eine solche Interpretation stünde in einem fundamentalen Konflikt mit der Grammatik und der Logik unserer alltäglichen Verständigungspraxis. Es gibt eine in die Logik und Grammatik unserer Alltagssprache eingelassene Objektivität, die sich auf praktische und theoretische Gründe – auf Gründe zu handeln und Gründe zu urteilen – gleichermaßen bezieht.

Unter den praktischen Gründen spielt ein Typus eine ganz besondere Rolle. Ich möchte ihn als Typus kooperativer Gründe bezeichnen. Was sind kooperative Gründe? Nehmen wir an, eine Person hat bestimmte Wünsche und Absichten und versucht, diesen Wünschen und Absichten in ihrem Handeln gerecht zu werden. Eine andere Person hat gleichfalls Wünsche und Absichten und versucht ebenso, diesen Wünschen und Absichten in ihrem Handeln gerecht zu werden. Nun kann es allerdings sein, dass beide Personen ihre Wünsche und Absichten gerade dadurch nicht realisieren, dass sie sich lediglich an diesen orientieren. Es gibt Situationen, in denen die je individuelle Optimierung eigener Ziele dazu führt, dass diese Ziele in geringerem Maße erreicht werden, als es für beide möglich ist. In solchen Situationen müsste jede einzelne beteiligte Person eine Strategie wählen, die ihre eigenen Ziele nicht optimiert. Paradoxerweise führt gerade die Kombination dieser individuell nicht optimierenden Strategien dazu, dass beide ihre Ziele in höherem Maße erreichen. Der Vorteil der Kooperation lässt sich nur dadurch erreichen, dass eine gewisse Distanzierung von der eigenen Interessenlage stattfindet, diese nicht allein zum Kriterium der Entscheidung gemacht wird. Andererseits gehen in eine erfolgreiche Kooperation nicht notwendigerweise so etwas wie altruistische Gefühle oder Rücksichtnahme auf andere ein. Es genügt, die Struktur der Interaktionssituation zu erfassen und seinen Teil dazu beizutragen, dass Kooperation realisiert wird. Das klingt paradox: Man erreicht seine Ziele in vielen Situationen am besten, wenn man seine Ziele nicht optimiert! Aber es lässt sich mit elementaren spieltheoretischen Mitteln nicht nur zeigen, dass es solche Situationen gibt, sondern je nach empirischer Modellierung zugleich auch, dass solche Situationen permanent vorkommen – im Alltag, in institutionellen Handlungsbezügen und besonders auch in der Politik. Die Spieltheorie nennt eine Interaktionssituation diesen Typs ein *prisoner's dilemma*. Im Zentrum einer demokratischen Ordnung stehen nicht so sehr Wahlverfahren, sondern ein Gefüge der Kooperation, das Individualrechte sichert und gemeinsam verantwortete politische Gestaltung erlaubt.[4]

II. Ziviler Friede durch Neutralität

Ich hatte vom Dreißigjährigen Krieg gesprochen, und eine mögliche Reaktion auf diese historische Erfahrung ist die von Thomas Hobbes: Diese hat im Wesentlichen zwei Elemente: Konzentration aller Gewaltmittel in einer Hand und keine konkurrierenden Wahrheitsansprüche in der Politik. Was gerecht ist, bestimmt der Souverän, der über alle Gewaltmittel verfügt. Eine Form von staatlicher Neutralität, die mit dieser Hobbes'schen Konzeption auf den ersten Blick gar nichts zu tun hat und die seit einigen Jahren Konjunktur hat, besagt: Lasst uns die Differenzen nicht mehr so wichtig nehmen. Es ist doch alles letztlich nur ein Spiel. Die Einen verfolgen in ihrem Leben die einen Ziele, und die Anderen eben andere. Wir können dennoch miteinander umgehen, wir müssen diese Differenzen nicht bis zur letzten Konsequenz austragen. Niemand sollte seine eigenen Wertorientierungen, seine eigene Lebensform allzu wichtig nehmen, es gibt andere, und diese Vielfalt ist zu begrüßen. Der demokratische Staat sollte die Rahmenbedingungen so abstecken, dass diese Pluralität von Wertorientierungen und Lebensformen co-existieren kann, ohne inhaltlich Stellung zu nehmen (Richard Rorty ist ein prominenter Vertreter dieser Auffassung[5]). Nennen wie diese Form der Neutralität die postmoderne.

Eine zweite Form, den zivilen Frieden zu sichern, setzt auf die Transformation von schwer bezähmbaren Leidenschaften in rational kontrollierte Interessen, oder kurz: Sie ersetzt die Politik durch den Markt. Der ungehinderte Gütertransfer, dessen reibungsloses Funktionieren der Staat mit seiner Rechtsordnung und seinen Sanktionen zu garantieren hat, aus dem er sich aber ansonsten heraushält, soll den Staat neutralisieren und politisches Handeln zurückdrängen. Und natürlich haben heute viele, ermutigt durch die weltpolitischen Veränderungen, die Hoffnung, dass das, was wir in der Vergangenheit als politische Konfliktquellen kennen und fürchten gelernt haben, im globalen Markt versiegt. Meine persönliche Vermutung ist, dass sich das als ein großer Irrtum herausstellen wird. Die eschatologische Hoffnung vom Ende der Geschichte im globalen Markt wird sich nicht erfüllen. Eher ist zu erwarten, dass sich das wiederholt, was im späten 19. Jahrhundert vorbereitet wurde und dann im

Ersten Weltkrieg eskalierte, dass nämlich die Dominanz des Marktes, die zunehmende Beeinflussung politischer Entscheidungen durch wirtschaftliche Interessen, das Politische nicht auflöst, sondern neue Konflikte schafft, jenseits politischer Institutionen.[6] Die Kolonialkriege sind dafür ein Beispiel, aber mehr noch der Erste Weltkrieg, der Niedergang der Weimarer Republik, die kommunistische und die nazistische Bewegung sowie die Auflösung politischer Institutionen in der nazistischen und stalinistischen Diktatur. Das Politische, so die erste Erfahrung mit ökonomischer Globalisierung, wird nicht verdrängt, sondern kehrt in außerinstitutionellen Formen pervertiert zurück. Der radikale Islamismus scheint eine weitere Gestalt dieser pervertierten Form von Politik zu sein. Statt der erhofften Befriedung durch den globalen Markt beobachten wir ein Schwinden politischer und institutioneller Gestaltungskraft und zeitgleich das Erstarken außerinstitutioneller und gewaltbereiter politischer Kräfte.

Der Rechtspositivismus ist ein weiterer Versuch der Neutralisierung, der darin besteht, abgesehen von Verfahrensregeln, die normative Kraft des Rechtssystems an keinerlei inhaltliche Bestimmung zu knüpfen. Der Staat wird gewissermaßen wertneutral, seine Setzungen gewinnen Legitimität allein aufgrund sekundärer Regeln bzw. Verfahren. Erst die Erfahrung der NS-Zeit machte deutlich, dass diese Form staatlicher Neutralität nicht trägt, dass Recht ohne ethische Bindung seinen Verpflichtungscharakter verliert.[7]

III. Konsens und Demokratie

Damit sind wir bei der Frage, welchen normativen und deskriptiven Fundamentes die Demokratie bedarf. In der Sprachphilosophie ist in jüngster Zeit eine Auffassung gut begründet worden, dass Verständigung ohne einen umfassenden Konsens nicht möglich ist.[8] Damit wir überhaupt eine Sprache verwenden können, muss jede Person, die daran teilhat, sich darauf verlassen können, dass andere in ihrem Sprachgebrauch verlässlich sind. Dazu gehört u. a. auch, dass das, was die Leute sagen, in der Regel mit dem übereinstimmt, was sie glauben, aber auch mit dem, was tatsächlich der Fall ist – die Regel der Wahrhaftigkeit und des Vertrauens. Möglicherweise sind weitere komplexe Regelsysteme erforderlich. Welche dies sind und wieweit diese tragen, da gehen die Meinungen zwischen Diskursethik und intentionalistischer Semantik auseinander. Unbeschadet dieser unterschiedlichen Interpretationsansätze besteht Übereinstimmung darin, dass *Verständigung ohne Konsens nicht möglich ist* – etwa ein Konsens darüber, was den richtigen Gebrauch eines sprachlichen Ausdrucks eigentlich ausmacht. In dieses Regelsystem ist schon von der grammatischen Form her der Realismus eingebaut. Wir erkundigen uns, wir wollen Informationen. Wir wollen wissen, was ist der Fall? Auch in der politischen Verständigungspraxis ist eine gewisse Übereinstimmung der Teilnehmer darüber erforderlich, wie Begriffe angemessen gebraucht werden, in welchem Zusammenhang Sprache und Meinung stehen und welche Sachverhalte damit als gültig angenommen werden. Dieser Konsens umfasst auch normative Bestimmungen des Politischen. John Rawls spricht in seiner *Theory of Justice* treffend, wie mir scheint, von einem *overlapping consensus*, der die unterschiedlichen sonstigen Prägungen etwa der Kultur und der Lebensform gewissermaßen überwölbt. Er versucht in seinem Werk das, was die Demokratie bestimmt, nämlich den öffentlichen Vernunftgebrauch, zu rekonstruieren. Wie ist zu interpretieren, dass wir uns als Bürgerinnen und Bürger wechselseitig als frei und gleich verstehen? Was genau verbirgt sich hinter diesen normativen Grundorientierungen westlicher Demokratien?

Der *overlapping consensus* muss allerdings so verstanden werden, dass er mit Differenzen in der Kultur, der Lebensform, der Wertorientierungen vereinbar ist. Wenn die Meinungsunterschiede etwa bezüglich der Frage des richtigen Lebens hinreichend groß sind, dann bricht die Verständigung an diesem Punkt zusammen. Dann verstehen die Menschen wechselseitig die jeweils vorgetragene Kritik nicht mehr oder sind nicht bereit, sie sich anzuhören. Dies darf aber nicht auf die Ebene des Austausches politischer Argumente und Handlungsgründe durchschlagen. Der Kommunitarismus hat an Rawls und anderen kritisiert, dass er diese Dimension der Gemeinschaftsbindung, der kulturellen Identität, nicht hinreichend berücksichtige. Menschen verstünden sich doch primär als Mitglieder einer *community*, einer Gemeinschaft, die durch das geprägt sei, was Kommunitaristen gerne *community values* nennen. Es seien eben nicht die Individuen, die sich in einem Kooperationsverhältnis gegenüberstünden. Die radikalsten Vertreter dieser Auffassung gehen sogar so weit zu behaupten, dass es nicht die Individuen seien, die handelten, sondern Gemeinschaften, die durch gemeinsame Wertorientierungen gestiftet würden. Die Perspektive des philosophischen Liberalismus, politische Institutionen und politisches Handeln so zu konzipieren, dass sie *gegenüber jeder einzelnen Person rechtfertigbar* sind, dass man sich eine vertragliche Übereinkunft vorstellen könne, die allgemeine Zustimmung findet, sei deswegen nicht nur eine utopische, sondern auch eine gefährliche Doktrin. Diesen Idealtypus eines Bürgers, der seine Optionen wägt, der rationale Lebenspläne verfolgt, bereit ist, sich in kooperativer Grundhaltung mit anderen abzustimmen und seine Institutionen entsprechend zu gestalten, den gebe es nicht. Er sei nicht nur eine Fiktion, sondern eine Irreführung. Menschen werden in dieser Weise von dem, was ihrem jeweiligen Leben Sinn gibt, entfremdet. Zur Atomisierung durch den modernen Markt der Konsumenten tritt die Atomisierung der politischen Theorie.

Ohne diese Kontroverse zwischen Kommunitarismus und Liberalismus hier nun näher auszuführen, lässt sich doch so viel sagen: Man sollte den Kommunitarismus, diese philosophische, aber auch soziale und politische Bewegung, seit den 80er Jahren zunächst in den USA und dann zunehmend auch in Europa, nicht als eine Alternative, sondern als eine Korrektur des politischen und philosophischen Liberalismus ansehen. Korrektur schon aus folgendem banalen Grund: Natürlich spielen Gemeinschaftsbindungen für unser jeweiliges individuelles Leben und für unsere politischen Orientierungen und Projekte eine wichtige Rolle. Aber es ist immer eine Pluralität von Gemeinschaften, die die individuelle Lebensform prägen. Die moderne multikulturelle Gesellschaft bedarf Personen, die Ich-Stärke haben, die navigieren können durch eine soziale Welt, die durch unterschiedliche kollektive Identitäten, durch Bindungen und Zugehörigkeiten geprägt ist, ohne ihre eigene Identität zu verlieren. Die Person muss Argumente vorbringen können, warum sie so und nicht anders entscheidet, sich diesem statt jenem Projekt verbindet – wohl wissend, dass es existentielle Entscheidungen gibt, die einer Rationalisierung weitgehend widerstehen. Wir müssen in der modernen multikulturellen sozialen Welt über unterschiedliche Gemeinschaftsbindungen hinweg miteinander umgehen können, und dieser Umgang kann nur so lange human- und demokratieverträglich sein, als er z. B. durch die Haltung des Respekts, der Rücksichtnahme geprägt ist, die das Maß an autonomer Lebensgestaltung erst ermöglicht, das für eine demokratische Ordnung unverzichtbar ist. Dabei sind unsere Wertorientierungen stets eingelassen in Lebensformen und Gemeinschaftsbindungen. Aber wir müssen uns über denjenigen Ausschnitt dieser Wertorientierungen verständigen können, der die gesellschaftlichen und politischen Interaktionen außerhalb des jeweiligen Nahbereichs trägt. Wenn in einer solchen Gesellschaft zwischen den unterschiedlichen kulturellen und ethnischen Gemeinschaften das, was einen respektvollen Umgang ausmacht, umstritten ist, wird die Pluralität der Gemeinschaften mit einer demokratischen politischen Verfassung unverträglich. Ein humaner Umgang mit kulturellen Differenzen wird erschwert und die Gefahr des gewalttätigen Konfliktaustrages steigt.

Nun stellt sich die Frage, ob dieses Bild von gleichen und freien Bürgerinnen und Bürgern, die versuchen, ein kooperatives System von Institutionen zu etablieren, das akzeptabel und gerecht aus jeder individuellen Perspektive erscheint, nicht von einer spezifischen historischen und kulturellen Situation abhängt. Auch John Rawls hat im Laufe seines fast lebenslangen Nachdenkens über Fragen der politischen Gerechtigkeit eine schrittweise Kontextualisierung seiner Auffassungen vorgenommen. Am

Ende erscheinen seine Texte zunehmend als eine Beschreibung der öffentlichen Kultur einer westlichen Demokratie, deren normativer Anspruch immer weiter abgeschwächt wird.[9] Aber man muss genau hinsehen: Was ist lediglich Beschreibung und was ist noch normative Theorie? Eine normative Theorie kann nicht unabhängig von aller empirischen Bestimmung überzeugend sein, aber sie unterscheidet sich von Beschreibungen dessen, was in einer spezifischen politischen Kultur als akzeptabel gilt. Solange wir eine normative Theorie vertreten, sind einer Kontextualisierung oder Kulturbezogenheit enge Grenzen auferlegt. Die jeweiligen kulturellen, historischen und sozialen Bedingungen können für eine konkrete normative Theorie der Demokratie eine Rolle spielen, deren Beschreibung kann diese nicht ersetzen. Man könnte es, etwas vergröbert, dahingehend zusammenfassen: Eine Demokratie unterscheidet sich von anderen Staatsformen darin, dass sie eine Brücke schlägt, ohne die eine Demokratie im Gegensatz zu anderen Staatsformen nicht lebensfähig ist: eine Brücke *zwischen der Lebenswelt und der in diese eingelassenen normativen und deskriptiven Überzeugungen einerseits und dem politischen System und der politischen Praxis andererseits.* Damit legt sich die Demokratie gewisse Bindungen auf, die sie von anderen Regierungsformen unterscheiden.

IV. Wahrheitstheorie

Die Diskussion um Wahrheitsansprüche in der Politik ist durch eine Denktradition belastet, die Wahrheit und Gewissheit allzu eng miteinander verknüpft. Wer Wahrheitsansprüche hat, muss nach dieser Auffassung sagen können, warum er sich *sicher* ist, dass es sich so und nicht anders verhält. Entsprechend hat die philosophische Erkenntnistheorie über Jahrhunderte nach einem *sicheren Fundament* gesucht, das diese Gewissheit sicherstellen könnte. Sie hat damit eine Vielfalt von Fundamentalismen hervorgebracht, hier nicht im Sinne des religiösen oder politischen Fundamentalismus, sondern im Sinne dessen, was im Englischen als *foundationalism* bezeichnet wird. Ein solcher Fundamentalismus ist der in der Frühen Neuzeit aufkommende *Rationalismus*. Er sucht sein gesichertes Fundament in reinen Vernunftwahrheiten, nicht in den empirischen Phänomenen. Der gesamte Korpus gesicherten Wissens, also wissenschaftlich begründeten Wissens, sollte aus wenigen Vernunftwahrheiten, Axiomen, in diesem Sinne hergeleitet werden können. Dagegen steht eine andere Form des Fundamentalismus, die des modernen Empirismus, die ebenfalls in ihren Ursprüngen bis in die Frühe Neuzeit zurückweist. Demnach beruht alle wissenschaftliche Erkenntnis auf Empirie allein und lässt sich aus dieser induktiv gewinnen. Der sog. logische Empirismus des 20. Jahrhunderts, für den in ganz besonderer Weise Rudolf Carnap steht – zunächst als Mitglied des Wiener Kreises, Mitbegründer der deutschsprachigen Strömung der analytischen Philosophie und dann, nach seiner Emigration, über Jahrzehnte zur Zentralfigur der US-amerikanischen Philosophie avanciert – repräsentiert eine besonders differenzierte Variante dieses Programms. Nachdem sich allerdings die sorgsame Trennung von Beobachtungssprache und theoretischer Sprache und die Idee einer empiristischen Verifikation von Theorien als Chimären herausgestellt hatten, konnte auch diese Erneuerung des empiristischen Fundamentalismus als gescheitert gelten.

Der Konflikt zwischen Rationalismus und Empirismus ist ein ganz anderer als der zwischen Idealismus und Realismus. Der traditionelle Realist sagt: Meine Überzeugungen sind wahr, wenn sie mit der Realität übereinstimmen, und die Realität ist unabhängig vom erkennenden Subjekt. Der Idealist bestreitet das. Wir haben diesen Zugang zur Realität nicht, der Vergleich von Überzeugung und real existierenden Sachverhalten ist nicht möglich. Eine Realität, die mehr ist als begründete Überzeugung, ist nicht vorstellbar oder begrifflich unmöglich – so die radikaleren Varianten des Idealismus. Das Einzige, was wir haben, ist die Übereinstimmung mit anderen Überzeugungen: Ideale Kohärenz konstituiert Wahrheit.

Um meine eigene Auffassung deutlich zu machen, markiere ich zunächst zwei gegensätzliche erkenntnistheoretische Positionen, indem ich je einen bedeutenden Vertreter zitiere.

So heißt es in der *Übersicht über die folgenden Sechs Meditationen* bei Descartes:

> «In der Ersten Meditation werden die Gründe auseinander gesetzt, weshalb wir an allen, besonders aber an den materiellen Dingen zweifeln können; solange nämlich unser Wissen nicht festere Grundlagen hat als bisher. Allerdings dürfte wohl der Wert eines so umfassenden Zweifels nicht auf den ersten Blick klar sein. Er ist gleichwohl sehr groß, insofern er uns nämlich von allen Vorurteilen befreit und uns den Weg ebnet, um ganz leicht den Verstand von den Sinnen abzuziehen. Schließlich bewirkt er, dass wir an dem, was wir hernach für wahr befinden, nie wieder zweifeln können.»[10]

Das ist Zertismus, also die Anbindung von Wahrheit an Gewissheit, pur.

> «In der Zweiten Meditation macht der Geist von der ihm eigenen Freiheit Gebrauch und nimmt an, dass nichts existiere, an dessen Dasein auch nur der geringste Zweifel möglich ist.»[11]

Prägnanter kann man das nicht ausdrücken.

Und in der Vierten Meditation:

> «Es ist mir in diesen Tagen zur Gewohnheit geworden, meinen Geist von den Sinnen abzuziehen. Denn ich habe ganz deutlich bemerkt, wie wenig wir an den Körpern ‹in Wahrheit› auffassen, wie viel mehr wir vom menschlichen Geist erkennen, noch weit mehr aber von Gott. So vermag ich schon ohne Schwierigkeit mein Denken von den Dingen der sinnlichen Anschauung abzuziehen und den rein begrifflichen und gänzlich immateriellen Gegenständen zuzuwenden.»[12]

Und nun ein Zitat aus *Über Gewißheit* von Ludwig Wittgenstein, das er etwa eineinhalb Jahre vor seinem Tod seinem früheren Lehrer und dann Freund George Edward Moore diktiert hat. Für manche gilt dieser Text als eine Art Ergänzung zu den *Philosophischen Untersuchungen*, mir scheint er eher eine dritte Phase des Denkens Wittgensteins zu charakterisieren.

> «Man könnte sich vorstellen, daß gewisse Sätze von der Form der Erfahrungssätze erstarrt wären und als Leitung für die nicht erstarrten, flüssigen Erfahrungssätze funktionierten; und daß sich dies Verhältnis mit der Zeit änderte, indem flüssige Sätze erstarrten und feste flüssig würden.»[13]

Und nun die berühmte Flussbett-Metapher:

> «Die Mythologie kann wieder in Fluß geraten, das Flußbett der Gedanken sich verschieben. Aber ich unterscheide zwischen der Bewegung des Wassers im Flußbett und der Verschiebung dieses; obwohl es eine scharfe Trennung der beiden nicht gibt.»[14]

Und schließlich:

> «Alle Prüfung, alles Bekräften und Entkräften einer Annahme geschieht schon innerhalb eines Systems. Und zwar ist dies System nicht ein mehr oder weniger willkürlicher und zweifelhafter Anfangspunkt aller unsrer Argumente, sondern es gehört zum Wesen dessen, was wir ein Argument nennen. Das System ist nicht so sehr der Ausgangspunkt, als das Lebenselement der Argumente.»[15]

Ich möchte nun im Anschluss an dieses Zitat versuchen, das zu charakterisieren, was ich die «Wittgenstein'sche Perspektive» nenne.

(a) Die Regeln des Begründens, die unsere alltägliche Praxis der Verständigung leiten, sind in unserer Lebenswelt vorgegeben, sie sind nicht erfunden oder gesetzt, und sie können auch nicht erfunden oder gesetzt werden. Die Wittgenstein'sche Perspektive ist mit einem radikalen Konstruktivismus unvereinbar.

(b) Diese Regeln des Begründens sind nicht vollständig explizierbar. Wir folgen Regeln, ohne sie angeben zu können. Wir müssen uns, um die Regeln des Begründens zu umreißen, oft darauf beschränken, auf Beispiele zu verweisen, in denen etwas falsch ist, eine Regel des Begründungsspiels verletzt wurde: Wir sind gezwungen zu zeigen, statt zu beschreiben.

(c) Die Regeln sind nicht starr. Auch zwischen Meta-Regeln und Regeln, d. h. solchen, die unser alltägliches Begründen steuern, und solchen, die wir anführen, um das Begründungsspiel zu charakterisieren, lässt sich nicht trennscharf unterscheiden.

(d) Diese Regeln sind in einem gewissen Sinne unhintergehbar.

(e) Diese Perspektive beinhaltet einen Gradualismus des Begründens. Es gibt fließende Übergänge zwischen der unhintergehbaren Basis unserer Begründungsspiele und den erst noch zu begründenden einzelnen Überzeugungen, seien sie deskriptiver oder normativer Natur. Der Übergang zwischen Fluss und Flussbett ist fließend. Und das Flussbett ändert seine Lage.[16]

(f) Diese erkenntnistheoretische Position ist anti-platonistisch und anti-kartesianisch. Es gibt keine letzte

Gewissheit durch die Schau des Guten und erst recht keine Gewissheit in der Abstraktion von aller Wahrnehmung und dem Vertrauen auf die von aller Empirie und aller lebensweltlichen Praxis abgelösten Rationalität.

Welche Konsequenzen ergeben sich aus dieser von uns eingenommenen Wittgenstein'schen Perspektive für unsere Thematik?

Man könnte es so charakterisieren:

(a) Es gibt eine Vielfalt von etablierten Begründungsspielen – in der Lebenswelt, in den Wissenschaften, in den politischen Auseinandersetzungen gleichermaßen. Eine Vielfalt miteinander vernetzter und voneinander abhängiger Begründungsspiele.

(b) Eine gute Begründung muss nicht auf metaphysische oder ontologische Annahmen rekurrieren. Begründung, so verstanden, ist metaphysik- und ontologiefrei.

Da stellt sich sofort die Frage, ob die sorgsame Unterscheidung zwischen Gründen für deskriptive und Gründen für normative Überzeugungen noch substantiiert werden kann. Ohne darauf an dieser Stelle genauer eingehen zu wollen, können wir doch festhalten: Ohne unterschiedliche metaphysische und ontologische Annahmen, die diese beiden Bereiche voneinander separieren, steht vor uns nur dieses miteinander verflochtene *Netzwerk von Begründungsspielen*, die unsere Lebensform und ihre Verständigungspraxis bestimmen.

Wenn wir diese Wittgenstein'sche Perspektive ernst nehmen, also die je etablierten Begründungsspiele gewissermaßen als gegeben hinnehmen, dann begnügen wir uns damit festzustellen, dass uns begründete oder begründbare Überzeugungen gewisser erscheinen als unbegründete – wenn sie nicht schon zu denjenigen gehören, die die Basis der Begründungsspiele ausmachen und, weitgehend fixiert, selbst keiner weiteren Begründung mehr unter lebensweltlichen Bedingungen zugänglich sind. Wir sind uns in vielen normativen Fragen (ich tue jetzt einmal so, als wüssten wir genau, was eine normative Frage ist) einig, weil ihre Antwort uns unbezweifelbar erscheint. So wäre es sicher unrecht, jetzt auf die Straße zu gehen und den nächstbesten Passanten zu erschlagen. Es bedarf keiner ethischen Theorie, um zu begründen, warum es sich da um ein Unrecht handelt. Das erscheint uns nicht nur sehr gewiss, sondern es ist kaum eine ethische Theorie denkbar, die diese Gewissheit erschüttern könnte. Die Begründungsspiele im Wittgenstein'schen Sinne enden nicht in ethischen Theorien. Eine ethische Theorie, die mit solchen normativen Überzeugungen in Konflikt gerät, kann als gescheitert gelten. Nun sind auch solche Überzeugungen nicht losgelöst von anderen, sie hängen mit anderen über Begründungsspiele zusammen, dabei können gewisse Invarianzbedingungen eine ähnliche Rolle spielen wie in der Physik etwa die Isotropie des Raumes. Ein Gutteil der modernen Ethik hat versucht, solche Invarianzbedingungen, meistens unter dem Etikett «Universalisierung», zur eigentlichen Grundlage allen moralischen Urteilens zu machen – mit mäßigem Erfolg. Die Wittgenstein'sche Perspektive ernst nehmen, heißt, jedenfalls diese in die Lebenswelt eingebetteten Begründungsspiele nicht zu dispensieren, nicht den Versuch zu unternehmen, sie durch ethische Theorie zu ersetzen. Wir bleiben als Handelnde, als soziale Wesen, als Mitglieder einer Sprachgemeinschaft, auf den Fortbestand dieser Begründungsspiele angewiesen, die Option, da herauszuspringen und von einem äußeren Standpunkt das Ganze neu aufzubauen, steht uns nicht offen. Der *Gradualismus*, von dem ich zuvor gesprochen habe, besagt, dass es in vielen Fällen ausreicht, wenn du und ich uns einig sind, um einen Dissens an anderer Stelle rational zu klären. Wir prüfen, ob die eine oder andere der umstrittenen Auffassungen mit dem, worin wir uns einig sind, vereinbar ist oder nicht. Für eine solche Klärung ist es nicht erforderlich, dass sich die beiden Opponenten einigen, was die Geltung ganzer normativer und/oder deskriptiver Theorien angeht. Die Begründungsspiele sind immer *lokal*, wenn auch nicht *isoliert*. Sie sind lokal, weil sie in den Rahmen der vorgegebenen Partikularitäten des Wissens und der Kultur eingebettet sind; und sie sind nicht isoliert, da die einzelne Person an einer vernetzten Vielfalt von Begründungsspielen teilhat, die hinreichend kohärent sein müssen, um ihre personale Identität zu wahren.

Allerdings scheinen mit der Wittgenstein'schen Perspektive zwei Probleme verbunden zu sein.

(a) Führt die Wittgenstein'sche Perspektive, wie viele in der Sekundärliteratur behaupten, nicht geradewegs in den Anti- oder mindestens den Irrealismus? Führt sie nicht dazu, dass man sich in letzter Konsequenz gezwungen sieht, den Wahrheitsbegriff ganz aufzugeben und lediglich der Begründung Bedeutung beizumessen? Ich halte diese Konsequenz für keineswegs zwingend. Ich würde sogar sagen, umgedreht wird ein Schuh daraus: Wer die Art und Weise, wie wir Argumente für Handlungen oder Überzeugungen anführen, ernst nimmt, muss eine in die Grammatik begründender Argumente eingelassene Konsequenz anerkennen, nämlich dass jede Form von Begründung darauf gerichtet ist zu zeigen, dass die betreffende Handlung oder das betreffende Urteil richtig ist. Das Prädikat «richtig» ist sowohl auf Handlungen als auch auf Urteile anwendbar. Handlungen können nicht wahr sein, Überzeugungen sehr wohl. Können Überzeugungen wahr sein, die sich auf die Richtigkeit einer Handlung beziehen? Der Mainstream der zeitgenössischen Philosophie meint «nein», dieser Typus von Überzeugungen sei nicht wahrheitsfähig. Die Grammatik unserer normativen, d. h. auf die Richtigkeit von Handlungen bezogenen Argumente spricht gegen diese Auffassung. Auch in diesem Sinne normative Überzeugungen sind grammatisch gesehen zweifellos wahrheitsfähig. «Es ist *wahr* (oder zutreffend), dass diese Handlung verbrecherisch, falsch, moralisch unzulässig etc. war», ist grammatisch korrekt, und Äußerungen dieser Art bilden einen selbstverständlichen Bestandteil unserer Alltagsdiskurse. Wir wollen nicht lediglich wissen, ob die betreffende Handlung oder Überzeugung in dem jeweiligen Begründungsspiel erfolgreich ist, sondern ob sie richtig ist *sans phrase*, um eine Unterscheidung David Ross' in *The Right and the Good* aufzugreifen. Wir wollen *sans phrase* herausbekommen, was der Fall ist, was richtig ist, was angemessen ist, was wahr oder was moralisch geboten ist. Uns interessiert nicht der Erfolg als solcher im Begründungsspiel, sondern die damit begründete, man könnte auch sagen *rationale*, propositionale Einstellung. Soll ich annehmen, dass diese Handlung richtig ist oder diese Überzeugung zutreffend? Wittgenstein wird da ziemlich deutlich, wenn er meint, dass jemand, der vor einem Baum stehe und bezweifle, dass dort ein Baum stehe, nicht damit rechnen könne, dass ihm die Irrtümlichkeit seiner propositionalen Einstellung deutlich gemacht werde. Er hat sich vielmehr damit aus der Verständigungsgemeinschaft oder Sprachgemeinschaft oder der Gemeinschaft, die durch die Tatsache, dass ihre Mitglieder die im Ganzen gleichen Begründungsspiele spielen, konstituiert ist, ausgeschlossen. Er gilt dann, wie Wittgenstein sagt, als «Halb-Irrer». Man kann eine solche propositionale Einstellung nicht zum Ausdruck bringen, ohne sich auszuschließen – jedenfalls nicht außerhalb des philosophischen Seminarraums. Die Form der Begründungsspiele und die Grammatik der Äußerungen, mit denen sie gespielt werden, sprechen eher für eine *realistische* als für eine irrealistische oder gar anti-realistische Interpretation.

(b) Der gravierende Einwand ist ein anderer. Führt dieser Pluralismus, der in die Wittgenstein'sche Perspektive eingebaut ist, insofern sie die ganze Vielfalt von Begründungsspielen in den Blick nimmt und sich einer externen Systematisierung enthält, nicht zu weit? Ist damit nicht jeder rationalen Kritik der Boden entzogen? Bleibt uns dann letztlich nur der Verweis auf die je etablierten Begründungsspiele, die selbst keiner Prüfung mehr unterzogen werden können? Führt diese irreduzible Vielfalt nicht in letzter Konsequenz dazu, dass das aufgegeben werden muss, was wir in unseren wahrheitstheoretischen Ausführungen oben als unverzichtbar für die Verständigung untereinander behauptet haben, nämlich ein normative und deskriptive Überzeugungen betreffender *overlapping consensus*? Ist nicht speziell im Blick auf das Politische die Idee einer normativ integrierten Bürgerschaft, einer inklusiven Politik, zu einer Chimäre geworden? Kündet sich hier nicht am Horizont die Verschmelzung von Wittgenstein und Postmoderne an? Ist dann nicht am Ende doch François Lyotard der späte Testamentvollstrecker Wittgensteins?

Gegen diese postmodernistische Radikalisierung der Wittgenstein'schen Perspektive spricht zweierlei.

Zum Ersten die Vernetzung unterschiedlicher Begründungsspiele, ja der ganzen Vielfalt von Begründungsspielen durch die Praxis. Nennen wir dieses Phänomen: Einheitsstiftung durch (gemeinsame) Praxis oder *pragmatische Einheit.* Zum Zweiten beziehen sich diese unterschiedlichen Begründungsspiele nicht nur auf eine gemeinsame Praxis, sondern auch auf ein gemeinsames Wissen, auf Annahmen, die wir gemeinsam haben und die wir in toto nicht in Frage stellen können, für die lediglich eine lokale Skepsis möglich ist. Nennen wir dies: Einheit durch lebensweltliches deskriptives Orientierungswissen, oder kurz: *epistemische Einheit.* Gegen einen radikalen und irreduziblen Pluralismus von Begründungsspielen spricht, dass Menschen und Gruppen von Menschen, kulturelle und Sprachgemeinschaften über die Zeit und über unterschiedliche Orte und Kontexte hinweg kohärent handeln (pragmatische Einheit) und kohärent urteilen (epistemische Einheit). Das Phänomen personaler Identität und die damit zusammenhängenden Zuschreibungen von Verantwortung, Freiheit und Rationalität sind ohne pragmatische und epistemische Kohärenz, sind bei einer radikalen und irreduziblen Pluralität normativer und deskriptiver Begründungsspiele bloße Chimären. Man wird einwenden: Das ist es doch, was postmoderne Theoretiker reklamieren. Meine Antwort wäre: Und genau darin besteht ihr zentraler Irrtum. Dass die postmoderne Interpretation der Wittgenstein'schen Perspektive lebensweltliche Essentialia zurückweisen muss, macht sie gerade aus einer Wittgenstein'schen Perspektive wenig vertrauenswürdig.

V. Demokratie und Wahrheit

Nach diesem philosophischen Exkurs sind wir wieder bei unserer Ausgangsfrage angelangt, dem *Verhältnis von Demokratie und Wahrheit* bzw. dem *Verhältnis von philosophischer und politischer Vernunft*. Ich denke, dass nun die wesentlichen Elemente zusammengetragen sind, um sich ein genaueres Bild von diesem Verhältnis machen zu können.

Dass in der Demokratie Argumente ausgetauscht werden, dass Kritik und Gegenkritik vorgebracht werden, ist ein allgegenwärtiges empirisches Phänomen, das sich anhand jeder Bürgerversammlung, jeder Bundestagssitzung und jeder Folge der Sendung von Sabine Christiansen leicht empirisch verifizieren lässt. In der politischen Theorie und Publizistik gibt es eine bedeutende Tradition ganz unterschiedlicher Provenienz, die dieses empirische Phänomen als falschen Schein entlarvt. Nun will ich, gerade vor dem Hintergrund eigener praktischer Erfahrungen in der Politik, nicht leugnen, dass das, was Jürgen Habermas «strategische Kommunikation» nennt, in der Politik eine wichtige Rolle spielt. Die Repräsentanten der Fraktionen sind durch Beschlüsse ihrer Partei oder ihrer Fraktion gebunden, sie tragen Argumente vor, die oft nur zum Teil aus eigenen Ressourcen stammen und von denen sie oft genug selbst wenig überzeugt sind. Eines der für viele Beobachter besonders abstoßenden Merkmale politischer Kommunikation ist die mit großem schauspielerischen Talent dargebotene Attitüde der Empörung: Der jeweilige politische Opponent irrt nicht nur, was natürlich im Regelfalle abgrundtiefe Dummheit gepaart mit Borniertheit vermuten lässt, sondern ist auch von niedrigen Beweggründen geleitet. Er täuscht nicht nur die Wähler, sondern ist zugleich arglistig und ausschließlich von Motiven persönlichen Vorteilsstrebens geleitet. Das eigene Handeln aber ist immer *ausschließlich* und ohne jeden Abstrich auf das Gemeinwohl gerichtet, persönliche Interessen werden selbstverständlich hintan gestellt, Wahrhaftigkeit und Idealismus sind die Leitschnur. Diese Karikatur dessen, was Platon schon an der Sophistik und Rhetorik vor 2500 Jahren kritisiert hat, ist gelegentlich amüsant, oft genug ärgerlich und führt in täglicher Dosis genossen bei nur allzu Vielen zu politischer Abstinenz, ja Abscheu dem Politikbetrieb gegenüber. Aber, so meine These, strategische Kommunikation, die die Fundamente der Verständigung langfristig unterminiert, die also nur als Parasit wahrhaftiger, vertrauensvoller und verlässlicher Kommunikation bestehen kann, stößt sich an robusten Realitäten der Lebenswelt. Der politische Gegner hört die eigenen Zweifel und Widerstände schon in den Diskussionen der Ausschussberatungen heraus, sobald die Journalisten den Saal verlassen haben. In den Kaffeepausen erfährt er, welche internen Konflikte es gegeben hat, um diese oder jene Linie durchzusetzen, und dass nur eine Drohung am Ende eine Mehrheit zu diesem Fraktionsbeschluss bewogen hatte. Auch dort, wo der Selbstbetrug durch das verbreitete Phänomen der Autosuggestion, verstärkt durch emotional beeindruckende Reden in großen Sälen und mit gewaltigen Phonstärken, die Zweifel für eine Weile erstickt, lässt am Ende eine Prise Realität – etwa in Gestalt einer Pisa-Studie oder einer Untersuchung über die Situation unterschiedlicher Migrantengruppen in Deutschland – eindrucksvolle ideologische Konstrukte kollabieren. Konstrukte, die im Zusammenspiel von politischer Strategie und strategischer Kommunikation entstanden. Argumentation wider die besseren Gründe lässt sich auch in der Sphäre der Politik nicht unbegrenzt durchhalten. Dies gilt für jede Form von Politik, aber in ganz besonderem Maße für die demokratische Variante. *In der Demokratie spielt der Austausch von Argumenten, der Rekurs auf gute Gründe eine größere Rolle als in jeder anderen Staatsform.* Die politische Sphäre steht in einem engen Wechselverhältnis zur Mediensphäre und beide wiederum zur lebensweltlichen Verständigungspraxis der Bürgerschaft. Zu den Institutionen, die den öffentlichen Vernunftgebrauch tragen, das, was John Rawls als *public culture* zu den Essentialia einer gerechten politischen Ordnung zählt, gehören aber auch die Justiz und das Bildungswesen. Hier spannt sich ein komplexes institutionell gestütztes System, innerhalb dessen diejenigen untereinander vernetzten Begründungsspiele gespielt werden, die die politische Öffentlichkeit prägen. Meinungen werden gebildet, transportiert und wieder verworfen, normative Haltungen in konkrete politische Praxis umgesetzt und damit auch einer Art Prüfung unterworfen, Argumente ausgetauscht, als unglaubwürdig zurückgewiesen, gelegentlich sogar einer wissenschaftlichen Überprüfung ausgesetzt.

Man könnte dieses Phänomen auch folgendermaßen formulieren: Die tatsächliche Praxis einer Demokratie ist deliberativ. Dieser deliberative Charakter mag durch die Medienentwicklung der letzten Jahre, die zunehmende Dominanz von Bildmedien gegenüber Printmedien, die insbesondere für Bildmedien typische Verkürzung der politischen Stellungnahmen, durch die Inszenierung der Politik, heute weniger ausgeprägt sein als in den besten Jahren der Nachkriegsrepublik. Dennoch spricht alles dagegen, dass die politischen Akteure von der professionellen Politik bis zum Stadtviertelengagement und der Nachbarschaftsinitiative, vom bedeutenden politischen Kommentator bis zum Lokalreporter, von der wissenschaftlichen Politikberatung bis zum Stammtisch, in einem großen Illusionstheater leben. Auch das gehört zur Wittgenstein'schen Perspektive, die tatsächliche Praxis der (hier politischen) Verständigung ernst zu nehmen und sie nicht als bloße Schatten einer darunter verborgenen wahren Realität zu entlarven zu suchen. Sie ist komplex genug: Der Explikationsbedarf ist groß, auch wenn man die politische Praxis so nimmt, wie sie sich gibt. Der Theoretiker, der sagt, «dies hört sich so an wie das Vorbringen von Gründen, in Wirklichkeit aber handelt es sich um etwas ganz anderes», versucht von außen auf das politische System zu blicken, einen *externen Standpunkt* einzunehmen. Diesen externen Standpunkt gibt es nicht, der Theoretiker wird vergeblich nach ihm suchen. Wenn er glaubt, fündig geworden zu sein, kann das Werk der Entlarvung, der Destruktion gegebener Begründungspraxis beginnen. Aber da sich dieses Projekt außerhalb stellt, kann es sich nicht selbst dieser gleichen Begründungspraxis bedienen und wird daher mangels lebensweltlicher Verankerung ideologisch.

In der Demokratie wird gestritten – etwa über die geeigneten Maßnahmen, die Arbeitslosigkeit zu verringern oder die Finanzierbarkeit der sozialen Sicherungssysteme auch für die nächsten Jahrzehnte zu sichern. Die vorgebrachten Argumente für und wider eine politische Maßnahme, etwa ein Gesetzesvorhaben, sollten wir als solche verstehen, nämlich als Argumente – wie irrtümlich und schlecht fundiert sie auch immer sein mögen. Manche Irrtümer werden durch Interessenlagen gefördert, andere Irrtümer werden durch Interessenlagen erst aufgedeckt. Aber es bleiben Argumente. Hinter der Oberflächengrammatik des Argumentes verbirgt sich nicht etwas anderes, das Argument ist nicht in Analogie zum Emotivismus in der Ethik bloßer Ausdruck einer Präferenz, eines Wunsches, eines Interesses, einer politischen Bindung etc. Es bleibt ein Argument, wie immer es motiviert sein mag. Und als ein solches ist es kritisierbar. In diesem Sinne ist Demokratie immer deliberativ. Ohne das Argument, ohne den öffentlichen Streit um die Angemessenheit politischer Entscheidungen, gibt es keine Demokratie. Und wir sollten dieses Charakteristikum ernst nehmen. Wir leben in einer deliberativen Demokratie oder wir leben nicht in einer Demokratie. Wir sollten uns weder in zynischer Attitüde noch in entschuldigender Absicht darauf zurückziehen zu meinen, dies oder jenes sehe zwar aus wie ein politisches Argument, sei aber in Wirklichkeit keines, sei doch nichts anderes als Ausdruck dieses oder jenes Interesses, dieses oder jenes Wunsches, dieser oder jener Bindung. Es ist ein Argument und als solches kann es irrig sein. Die Präferenz, der Wunsch oder die Bindung sind keine geeigneten Kandidaten für Wahrheit und Falschheit. Aber Argumente sind solche Kandidaten. Und was wir für wahr oder richtig halten, ist keineswegs beliebig, ist eben nicht dem bloßen Spiel der Interessen, Wünsche und Bindungen überlassen, sondern ist etablierten Begründungsspielen unterworfen. Diejenigen, die für die politische Kommunikation konstitutiv sind, lassen sich nicht isolieren, wie Luhmann und seine Schule meinen, sondern sie sind Teil eines mehr oder weniger *kohärenten Netzwerks von Begründungsspielen*, das tief in unsere Lebenswelt hineinreicht, ja dort verankert ist. Diese Feststellung, dass wir in einer deliberativen Demokratie leben, hat eine konzeptionelle, eine empirische und eine normative Lesart. Konzeptionell, weil der Demokratiebegriff ohne Deliberation unvollständig ist. Empirisch, weil die Deliberation, in einem solchen unideologischen Sinne verstanden wie oben skizziert, zu den offenkundigsten Merkmalen von Demokratien gehört. Und schließlich normativ, weil die Verständigungspraxis einer Demokratie die Befolgung derjenigen Regeln voraussetzt, die für Kommunikation im Allgemeinen und für politische Kommunikation im Besonderen konstitutiv sind. Die Diskursethik hat einen Teil dieser Regeln zum Zentrum einer normativen Theorie des Politischen gemacht. Diese Regeln sind, wie ich schon an anderer Stelle zu zeigen versucht habe,[17] nicht vollständig, aber mehr noch: Die normative Dimension des Politischen lässt sich auf vollständig gedachte konstitutive Regeln der Kommunikation nicht reduzieren. Hier besteht eine Differenz, aber eher im Sinne eines Inklusionsverhältnisses: Der diskursethische Befund ist eben nur Teil einer normativen Theorie der Demokratie. Die zentrale normative Orientierung an wechselseitigem Respekt und Selbstachtung, eben demjenigen, was in einer säkularen, der Tradition der Aufklärung entsprechenden Lesart in Art. 1, GG als Unantastbarkeit der Menschenwürde bezeichnet wird, geht nicht auf in der wechselseitigen Anerkennung als tatsächliche oder potentielle Diskurspartner, aber diese Anerkennung ist ein wesentlicher Teil einer *Politik der Würde*.[18]

Der öffentliche Vernunftgebrauch oder die *public culture* einer Demokratie stehen nicht zufällig im Zentrum der beiden bedeutendsten politischen Philosophien der Gegenwart, nämlich von Jürgen Habermas und John Rawls – bei allen inhaltlichen Unterschieden, die sie aufweisen. Es ist der öffentliche Vernunftgebrauch, der politisches Handeln in der Demokratie legitimiert, nicht die dauernde Zustimmung zu jeder einzelnen politischen Entscheidung in Parlament und Regierung. Das öffentlich vorgetragene Argument und die dann am Ende erreichte Zustimmung an den Wahlurnen sind entscheidend. Dieser Akt der Wahl konstituiert keinen kollektiven Akteur; er setzt nicht den Mehrheitswillen gegen den Minderheitenwillen durch, sondern er beauftragt zu politischen Entscheidungen, für die die besseren Argumente zu sprechen scheinen, die dann wiederum öffentlich vorzutragen sind und sich der Kritik zu stellen haben.

Ich muss dazu eine Anmerkung machen, die möglicherweise boshafter klingt, als sie gemeint ist. Wenn man sich die Rekrutierung des politischen Personals seit dem Zweiten Weltkrieg in der Bundesrepublik vor Augen führt, dann hat zweifellos eine Verengung des Spektrums stattgefunden. Die Bundes- und Landesparlamente sind heute in höherem Maße als in den ersten Jahrzehnten nach dem Zweiten Weltkrieg von Menschen geprägt, die Politik frühzeitig zu ihrem Beruf gemacht haben und die außerhalb dieses Berufes zwar meist ehrenwerten Tätigkeiten nachgehen, in diesen aber nicht zu Persönlichkeiten gereift sind und dort wenig Spuren hinterlassen. Dies ist geeignet, den deliberativen Charakter der Demokratie abzuschwächen. Wenn das politische Amt Karriereziel ist und die bedingungslose Loyalität Aufstiegshilfe, dann schwindet der Mut zum eigenen Urteil; und wenn der geistige Horizont sich auf die Politik und ihre Akteure verengt, beeinträchtigt das die politische Urteilskraft. Ein stärkerer personeller Austausch zwischen Politik und Wirtschaft, Politik und Wissenschaft, Politik und Kultur etc. würde nicht nur weitere Erfahrungsbereiche und

Kenntnisse in die Parlamente bringen, sondern Urteilskraft und Standfestigkeit befördern.

Die größere Beeinträchtigung der deliberativen Demokratie geht jedoch sicherlich von der Medienentwicklung aus, die dem durchdachten und differenziert vorgetragenen politischen Argument immer weniger Raum gibt. Wohin eine solche Entwicklung führen kann, zeigt das Beispiel Italien. Wohl in keiner anderen europäischen Demokratie ist das deliberative Element derart beschädigt wie dort. Die Konzentration von ökonomischer Macht, Medienmacht und politischer Macht in Verbindung mit skrupelloser eigener Interessenverfolgung ist dabei nur eine der Ursachen, eine andere ist die rasante Verflachung der Fernsehprogramme.

Manche werden einwenden, dass diese Akzentuierung des deliberativen Charakters der Demokratie, zumal wenn sie mit Wahrheitsansprüchen aufgeladen ist, eine Gefährdung des zivilen Friedens in einer modernen, multikulturellen und pluralistischen Gesellschaft bedeutet. Erst die Depotenzierung des Argumentes, so die Vertreter postmodernen Denkens, entfalte eine befriedende Wirkung. In der modernen Markt- und Mediengesellschaft würden sich Menschen eben primär als Konsumenten definieren und die Politik habe dieses Spiel mitzuspielen, wenn sie nicht ganz marginalisiert werden wollte. Mein Befund sei daher doppelt falsch, weder sei die Deliberation ein wesentliches Element der Demokratie noch sei die Auflösung öffentlichen politischen Vernunftgebrauches in einem medialen Markt der Angebote und Botschaften ein Verlust, vielmehr könnten die demokratischen Institutionen ihre befriedende Rolle gerade deswegen spielen, weil das politische Argument nicht als solches ernst genommen, sondern lediglich als

Ausdruck von Interessenlagen interpretiert und damit depotenziert werde.

Abgesehen davon, dass diese Form der Depotenzierung uns gar nicht offen steht, leuchtet die Verknüpfung von Wahrheitsanspruch und Konflikt gar nicht ein. Diese Verknüpfung scheint nur sinnvoll zu sein, wenn mit Wahrheitsansprüchen auch eine *zertistische* Orientierung verbunden ist. Wahrheitsansprüche sind aber mit *Fallibilismus* nicht nur vereinbar, sondern sogar nur im Rahmen einer fallibilistischen Epistemologie begründbar. Begründung setzt immer ein Gefälle von Gewissheiten voraus, und unsere Hoffnung ist, dass ein *umfassendes* Begründungsspiel eher zu *verlässlichen* Überzeugungen führt als ein personell, lokal oder kulturell begrenztes. Eine fallibilistische Epistemologie ist *inklusiv*: Sie führt zur Einbeziehung aller, die zur Aufhellung des jeweiligen Problems beitragen können. Die aufklärerische Haltung der kritischen Prüfung ist zwangsläufig *universalistisch*. Die Suche nach dem Gegenargument kennt grundsätzlich keine regionalen, ethnischen oder kulturellen Grenzen. Dass die Pragmatik des politischen Diskurses Grenzen anerkennen muss, steht dazu nicht im Widerspruch. Eine *fallibilistische Epistemologie* korrespondiert mit *Toleranz aus Respekt*. Ich erkenne auch dann ein Argument an, wenn es nicht zu den mir plausibel erscheinenden Urteilen passt. Paradoxerweise ist es der *robuste Realismus unserer lebensweltlichen Überzeugungen* – die in die Politik (auch in die Wissenschaft) hineinwirken –, der eine fallibilistische Epistemologie plausibel und die mit ihr korrespondierenden Wertorientierungen der Toleranz und der Inklusion unverzichtbar macht. Skepsis gegenüber eigenen Überzeugungen gehört ebenso wie Respekt gegenüber dem opponierenden Argument zum Kern des Ethos moderner Wissenschaft. In einer modernen Gesellschaft, die sich an den Werten der Aufklärung orientiert, ist dieses Ethos in der lebensweltlichen Verständigungspraxis verwurzelt und prägt die politische Kommunikation. Fallibilismus fördert Toleranz, Zertismus fördert Intoleranz. Die Transformation von Argumenten in Indikatoren von Interessen ist nicht friedensfördernd, sondern transformiert Deliberation in einen zumindest ökonomischen Machtkampf.

Dennoch gibt es zwischen Wissenschaft und Politik eine fundamentale Differenz. Das politische Argument, der öffentliche Vernunftgebrauch müsse anders als der wissenschaftliche mit der Einbeziehung all derjenigen, um deren Angelegenheiten es sich handelt, d. h. mit der *Einbeziehung der gesamten Bürgerschaft*, vereinbar sein. Die wissenschaftliche Verständigungspraxis ist *inklusiv*, insofern sie niemanden aufgrund der Region, aus der er stammt, der Tradition, der er angehört, der Kultur, die ihn geprägt hat, etc. ausschließt, aber sie ist *exklusiv*, insofern sie Fachsprachen und Methoden etabliert, die eine entsprechende Ausbildung und Expertise erforderlich machen. Die wissenschaftliche Verständigungspraxis ist in hohem Maße spezialisiert. Diese Möglichkeit der Rationalisierung durch Spezialisierung und Methodenschärfung steht dem öffentlichen politischen Diskurs nicht offen. Er kann seine Verständlichkeit nicht von Expertise abhängig machen. Damit gerät das politische Argument in ein Spannungsverhältnis zwischen populistischer Vergröberung, aber Allgemeinverständlichkeit einerseits und szientifischer Verfeinerung, aber Verlust an allgemeiner Öffentlichkeit andererseits. Dieses Spannungsverhältnis auszuhalten und immer wieder neu auszutarieren, gehört in der modernen Demokratie zu den zentralen Kunstfertigkeiten politischer Praxis. Jedenfalls gilt, dass das wissenschaftliche Argument, sofern es politisch relevant ist, in eine Sprache übersetzt werden muss, die von der gesamten Bürgerschaft verstanden werden kann. Die Wissenschaft kann nur so weit eine die Politik orientierende Rolle spielen, als sie sich in den öffentlichen Vernunftgebrauch einbetten lässt.

VI. Epistemischer Optimismus

Ist diese hier skizzierte Konzeption deliberativer Demokratie, in der Gründe eine zentrale Rolle spielen und damit Wahrhaftigkeit und Wahrheit, Argument und Kritik, mit unseren *partikularen* Intuitionen vereinbar? Gehen hier nicht der kulturelle und historische Kontext, die Bindungen der Gemeinschaft und der geteilten Lebensform verloren? Mit anderen Worten: Geht diese hier vertretene Rationalisierung des Politischen nicht viel zu weit? Ich will zum Schluss auf drei Aspekte hinweisen, die diese Sorgen zerstreuen können.

Das Richtige und das Falsche lassen sich innerhalb und außerhalb der Politik nicht so bestimmen, wie sich das z. B. der Utilitarismus und andere konsequentialistische Ethiken vorgestellt haben, nämlich als Optimierung des anthropologisch Guten. Eine angemessene Ethik ist *deontologisch.* Eine deontologische Ethik beschränkt sich darauf, Regeln zu bestimmen, innerhalb derer Differenzen – Differenzen der Interessen, aber auch der Lebensformen und der mit ihnen einhergehenden Wertorientierungen – möglich sind. Es sind damit die Regeln und nicht die Werte, die den *normativen Grundkonsens* tragen. Gegen eine deontologische Ethik wird eingewandt, dass sie auf besondere Bindungen, z. B. Nähe-Verhältnisse wie die der Familie oder der Nachbarschaft, keine Rücksicht nähme, dass sie das Mehr an Verpflichtung, das ich gegenüber Freunden empfinde, ebenso wenig berücksichtigen könnte wie der utilitaristische Gegenentwurf. Man müsse beide Varianten moderner universalistischer Handlungsethiken zugunsten etwa einer Tugendethik überwinden oder gar jede systematisierende Klärung der normativen Grundlagen menschlichen Handelns unterlassen. Diese Kritik beruht auf einem Missverständnis. Wir wollen in einer Gesellschaft leben, in der es besondere Verpflichtungen und besondere Nähe-Beziehungen gibt. Wir wollen nicht, dass sich Eltern in der gleichen Weise um fremde Kinder kümmern wie um ihre eigenen. Wir wissen, dass Hilfsbereitschaft aus der anonymen Ferne schwächer ausgeprägt ist als bei konkreter Konfrontation mit einem Einzelschicksal. Wir alle wünschen uns keine soziale Welt, in der das Partikulare sich auflöst zugunsten allgemeiner unparteilicher Wohltätigkeit. Eine deontologische Ethik verlangt in der Hinsicht Verallgemeinerungsfähigkeit unserer Maximen, die sich einbetten lassen in eine Form von Interaktion, die generell, d. h. aus jeder Perspektive, befürwortet werden können. Nur solche Partikularitäten geraten in die Kritik deontologischer Ethik, die diesem Kriterium nicht entsprechen – dazu zählen Rassismus oder allgemeiner *soziale Exklusion.*

Deontologische Ethik ist mit der Integrität der Person vereinbar; erlaubt, dass spezifische Projekte verfolgt werden, die dem Leben Struktur und Sinn geben. Sie gestattet, dass personale Bindungen dabei eine wichtige Rolle spielen. Deontologische Ethik spaltet den Akteur nicht, sondern zwingt ihn, seine selbst verantwortete Handlungs- und Lebensweise so zu gestalten, dass sie mit anderen selbst verantworteten Handlungs- und Lebensweisen kompatibel ist. Deontologische Ethik ist mit Partikularitäten der Persönlichkeit, der lokalen und kulturellen, aber auch der politischen Gemeinschaft selbstverständlich vereinbar. Deontologische Ethik ist die systematische Perspektive, in der Partikularität und (normative) Wahrheitsansprüche vereinbar sind.

Kooperation heißt, wie wir oben gesehen haben, dass die einzelnen an der Kooperation Beteiligten darauf verzichten, ihre je individuelle Interessenlage zu optimieren. Sie handeln so, dass ihr Handeln sich einbettet in eine Struktur kooperativer Handlungsweise aller an der Kooperation Beteiligten. Damit wird das erreicht, was niemand erreicht hätte, wenn es zu dieser Kooperation nicht gekommen wäre und alle nur ihren eigenen Interessen gefolgt wären. Alle haben ein je individuelles Interesse an Kooperation, das paradoxerweise verlangt, auf die Optimierung der eigenen Interessen zu verzichten. In die Kooperation gehen nicht nur Interessen, sondern auch Wertorientierungen ein. Wir können uns das Gefüge gesellschaftlicher Kooperation mehrstufig vorstellen: Zunächst geht es lediglich um Interessen und kollektive Rationalität, die diese Interessen eher erreichen lässt als je individuelle Rationalität, dann um Wertungsdifferenzen und schließlich um Überzeugungskonflikte. Kooperation hat diese merkwürdige und faszinierende Doppelnatur, sie transzendiert den je individuellen Standpunkt und hebt ihn doch nicht auf.

Die realen Begründungsspiele sind lokal, regional, kulturell und politisch begrenzt. Diese Grenzen sind selbstverständlich fließend und die unterschiedlichen Begründungsspiele sind, wie wir gesehen haben, untereinander vernetzt. Dies allein reicht aber nicht hin, um auszuschließen, dass die Ergebnisse der Diskurse, dass die Begründungsspiele zu divergenten Ergebnissen führen. Wenn ein Mehr an Begründung nicht einherginge mit einer gewissen Konvergenz unserer deskriptiven und normativen Überzeugungen – dann würden wir wohl doch daran zweifeln, ob Wahrheit und Wahrhaftigkeit außerhalb der Wissenschaft in den normativen Bezügen der Lebenswelt, der Gesellschaft und der Politik einen Ort haben. Eine kognitivistische und realistische Interpretation unserer Begründungsspiele hängt ohne einen Schuss *epistemischen Optimismus* in der Luft. Wenn wir nicht hoffen dürfen, dass unsere Argumente überzeugen und irrige Auffassungen widerlegen können, dass sich Menschen von Gründen affizieren lassen und diese Affektion die Übereinstimmung wachsen lässt, dann würde dies an unserem Befund nichts ändern, dass Logik und Grammatik normativer wie deskriptiver Begründungen uns annehmen lassen, dass es zutreffende und unzutreffende Vermutungen gibt, aber zugleich blieben wir ratlos, wie dies zu interpretieren sei. Wir wären dann, wie Bernhard Williams, versucht, eine realistische und objektivistische Haltung innerhalb derjenigen Begründungsspiele, an denen wir teilnehmen, einzunehmen und eine relativistische gegenüber denjenigen, an denen wir nicht teilnehmen, also das, was Williams als *relativism from the distance* bezeichnet hat.[19] Gerade der Verlauf der Debatte um Menschenrechte seit nun über 200 Jahren spricht jedoch für einen epistemischen Optimismus, der die Grenzen der eigenen Kultur überschreitet. Es entspricht eher einer Attitüde westlicher Intellektueller als der kulturellen Realität außerhalb des westlichen Kulturkreises, dass Menschenrechte aller drei «Generationen» einem spezifischen historischen und kulturellen Kontext verhaftet und mit anderen historischen und kulturellen Kontexten unvereinbar seien. Der Menschenrechtsdiskurs hat sich frühzeitig globalisiert und er wurde durch den Einfluss anderer Kulturregionen mit geprägt. Heute kann man guten Gewissens von einem globalen *overlapping consensus* sprechen, der die Kernbestandteile der Menschenrechte umfasst und die universelle Geltung dieses Kernbestandes plausibel macht. Der Menschenrechtsdiskurs ist inklusiv, d. h. alle kulturellen Prägungen sollen einbezogen werden und die Begründbarkeit der Menschenrechte wird gegenüber jeder kulturellen Perspektive vertreten. Es gibt Grund für einen umfassenden epistemischen Optimismus, es gibt Grund anzunehmen, dass das Argument das normative Fundament des globalen gesellschaftlichen Zusammenlebens eher stärkt als schwächt. Es ist unsere gemeinsame Hoffnung, dass das, was im nationalstaatlichen Rahmen jedenfalls weitgehend gelungen ist, nämlich eine zivile Form des Konfliktaustrages zu etablieren, eingebettet in eine allgemein akzeptierte Rechtsordnung, sich nun auch im globalen Rahmen realisieren lässt. Dies ist die Perspektive einer globalen und demokratischen Zivilgesellschaft als Ausweitung der lokalen und nationalen Netzwerke der Kooperation und der Begründungsspiele, gegründet auf deskriptiven und normativen Konsensen, die durch Deliberation gestiftet und stabilisiert werden.

Zweites Kapitel

Universalität und Partikularität[20]

Ich möchte im Folgenden einige Überlegungen zum Verhältnis von Universalität und Partikularität anstellen und damit – wie ich hoffe – zur Klärung eines zentralen Problems nicht nur der Ethik und der interkulturellen Philosophie beitragen.

I. Die beiden erkenntnistheoretischen Grundpositionen

Descartes verlangt absolute Gewissheit, eine Gewissheit, die Revision grundsätzlich und ein für alle Mal ausschließt. Er gewinnt diese Gewissheit über den Selbst- und Gottesbezug. Der Gottesbezug kann nur für Gläubige – entgegen der rationalistischen Anmutung der Descartes'schen Argumentation – Gewissheit vermitteln. Der Selbstbezug mag die eigene Existenz zur Gewissheit machen, aber er reicht nicht aus, um das ganze Gebäude unseres Wissens zu tragen. Der Descartes'sche Zertismus, die Forderung absoluter Gewissheit, die Suche nach einem sicheren und gegen Revision gefeiten Fundament aller unserer Überzeugungen, wird, nachdem die rationalistischen Hoffnungen enttäuscht sind, in die radikale Skepsis übergehen. Der Descartes'sche Zertismus mündet in eine Aporie, die radikale Skepsis.

Die rationalistische Hoffnung misstraut den Sinnen, sie vertraut allein der Vernunft. Diese Vernunft wird so voraussetzungslos wie möglich gedacht. Vernunftwahrheiten sind frei von Empirie, sie gelten eben, wie der Name schon sagt, allein aus Gründen der Vernunft. Das logische Argument, d. h. ein solches, das allein aufgrund der Logik Gültigkeit beanspruchen kann, ist das wichtigste Instrument des Rationalisten. Da die Logik jedoch keine kreativen Schlüsse zulässt, d. h. nicht erlaubt, stärkere Prämissen aus schwächeren abzuleiten, besteht für den Rationalisten die beständige Versuchung, den Bereich der logischen Gültigkeit unzulässig auszudehnen. Die Geschichte dieser unzulässigen Ausdehnung prägt die Entwicklung des philosophischen Denkens seit der Scholastik, seit den gelehrten Streitigkeiten um den ontologischen Status der Universalien, also mindestens die Spanne von Abaelard bis Richard Mervyn Hare.[21] Jeder Rückschlag in diesem rationalistischen Projekt, die Grenzen der Vernunft möglichst weit zu ziehen, lässt das Gespenst der radikalen Skepsis erneut erwachen, weil das erkenntnistheoretische Ziel absoluter Gewissheit nicht erreicht wird. Radikale Skepsis unterscheidet sich von lokaler Skepsis darin, dass diese nur einzelne Überzeugungen, jene aber unser gesamtes System von Überzeugungen in Frage stellt. Diese verlangt nach genauerer Prüfung, jene entzieht jeder Prüfung das Fundament.

Wittgensteins erkenntnistheoretische Überlegungen in *Über Gewißheit*[22] markieren die Antithese zum Descartes'schen Rationalismus und Zertismus. Die Spiele des Begründens können nicht neu erfunden werden, sie sind vorgegeben. Aber diese Spiele sind nicht fest, sondern im Fluss. Wir können nie für irgendetwas absolute Gewissheit fordern, aber wir können auch nicht radikal zweifeln, denn dies würde uns außerhalb des alltäglichen Sprachgebrauchs stellen, es würde uns aus der Kommunikationsgemeinschaft herauslösen, zum «Halbirren» (Wittgenstein) machen, der von niemandem mehr ernst genommen wird. Radikale Skepsis ist in der Lebenswelt nicht möglich, so könnte man dies umschreiben. Radikale Skepsis ist überhaupt nicht möglich, da die Sprache unhintergehbar ist. In die Sprache eingelassen sind aber die Regeln des Begründens, diese werden nicht konstruiert, sondern benutzt. Die spezifische Aporie der Wittgenstein'schen Perspektive scheint der Relativismus zu sein. Die je etablierten Begründungsspiele bestimmen das, was unser lebensweltliches Wissen ausmacht. Sie sind in die Sprache eingelassen, und es gibt keine Möglichkeit, sich außerhalb zu stellen. Die Wittgenstein'sche Perspektive scheint auf einen epistemischen Immanentismus festzulegen, der nur lokale Skepsis zulässt, aber alle universellen Geltungsansprüche verliert. Die Gewissheiten sind interne: Innerhalb der je etablierten Begründungsspiele ist allen Beteiligten klar, was als ein Argument gelten und auf welche Überzeugungen man sich stützen kann, um ungewisse Überzeugungen zu begründen. Es gibt Differenzen und diese begründen eine lokale Skepsis. Wir bezweifeln die eine oder andere Überzeugung, nachdem Argumente gegen sie geltend gemacht wurden. Eine umfassende Skepsis aber ist ausgeschlossen, dazu ist der Bereich der Übereinstimmung, den eine Sprachgemeinschaft konstituiert, zu groß. Aus der Distanz betrachtet aber lösen sich diese Gewissheiten auf, die Konsequenz ist ein erkenntnistheoretischer Relativismus. Dieser Relativismus geht mit dem Irrealismus eine Verbindung ein. Die so gewiss erscheinenden Gegenstände unserer Lebenswelt verändern sich mit den Lebenswelten oder – übertragen auf die allgemeine Wissenschaftstheorie – mit den wissenschaftlichen Paradigmen. Ontologische Relativität ist ohne Irrealismus nicht zu haben.[23]

II. Universalität und Partikularität am Beispiel des Utilitarismus

Der philosophische Rationalismus hat das Aufkommen der modernen empirischen Naturwissenschaft nicht überleben können, auch wenn er sich lange und intelligent dagegen sträubte. Es war Immanuel Kant, der dem Rationalismus alter Schule den Todesstoß versetzte und in die bescheidenere Konzeption eines synthetischen Apriori überführte.[24] In einem einzigen Gebiet jedoch konnte der Rationalismus bis in die Gegenwart überleben, nämlich dem der Ethik. Ein markantes Beispiel dafür ist der zeitgenössische Utilitarismus, anhand dessen sich die beiden grundsätzlichen erkenntnistheoretischen Perspektiven, die wir oben mit den Namen Descartes und Wittgenstein verbunden haben, illustrieren lassen.

Der zeitgenössische Utilitarismus ist der Prototyp des Rationalismus in der Ethik. Er misstraut jeder moralischen Intuition, er ist skeptisch gegenüber den etablierten Begründungsspielen moralischer Argumente und verlangt absolute Gewissheit. Diese sucht er in einem Vernunftsprinzip, d. h. einem ethischen Prinzip, das allein durch Vernunft und unter Absehung von jeglicher moralischer Intuition eingesehen werden kann und dessen absolute und unrevidierbare Geltung unmittelbar einleuchtet. Es ist das Prinzip der Nutzenmaximierung. In der schlichteren Variante wird die Vernunftgeltung dieses Prinzips etwa folgendermaßen dargetan: Jeder Mensch strebt nach der Vermehrung seines Wohles und der Minderung seines Leids, alles Übrige, was er erstrebt, tut er um dieses fundamentalen Zieles willen.[25] In philosophischer Terminologie: Individuelles menschliches Wohlergehen ist das einzig intrinsisch Gute, alles andere ist extrinsisch gut. Moralisches Handeln verlangt, nicht nur an sich selbst, sondern auch an andere zu denken, spezifischer, es verlangt, alle gleich zu behandeln. Gleiche Behandlung ihrerseits verlangt, dass ich das Wohlergehen jeder einzelnen Person, die durch mein Handeln betroffen ist, gleich gewichte. Moralisch verpflichtet bin ich daher, die Summe des individuellen Wohlergehens zu maximieren.

Es gibt elaboriertere Formen, die vermeintliche Vernunftgeltung des utilitaristischen Prinzips zu begründen. Die elaborierteste scheint mir die von Richard Mervyn Hare zu sein.[26] Er legt sich nicht auf die Auffassung fest, dass das Einzige, was zähle, das je individuelle Wohlergehen sei. Vielmehr meint er, dass die individuellen Präferenzen das Einzige sind, was zähle, unabhängig davon, was diese Präferenzen jeweils motiviert. Zudem habe die Moralsprache eine spezifische Logik, die es nicht erlaube, in Situationen, die sich in moralisch relevanter Hinsicht gleichen, unterschiedliche Handlungsempfehlungen (Präskriptionen) zu geben. Da das, was moralisch relevant ist, erschöpfend durch die jeweilige Konstellation der Präferenzen der von einer Handlung Betroffenen beschrieben wird, müssen Situationen, die eine gleiche Konstellation von Präferenzen aufweisen, zu den gleichen Präskriptionen führen, und zwar unabhängig davon, wer die jeweiligen Präferenzen hat (Anonymitätsbedingung). Diese beiden apriorischen, d.h. sich schon aus der Logik der Moralsprache ergebenden Bedingungen lassen sich aber nur durch ein einziges ethisches Prinzip, nämlich das der Maximierung der Präferenzenerfüllung (im Universum), realisieren. Der moderne Präferenz-Utilitarismus von Hare und seiner Schule, zu der ja auch Peter Singer gehört,[27] ist zweifellos eine rationalistische Theorie. Dies erweist sich insbesondere daran, dass im Falle eines Konfliktes zwischen dem postulierten ethischen Prinzip einerseits und zentralen moralischen Intuitionen andererseits Letztere für irrelevant gehalten werden.

Betrachten wir diesen Konflikt etwas genauer. Es sind vor allem drei Typen von Partikularitäten unserer lebensweltlichen moralischen Praxis, die den Utilitarismus in Schwierigkeiten bringen:[28]

(a) Wir haben zwar unterschiedliche Vorstellungen davon, wie unsere individuellen Rechte genau zu formulieren sind und wie weit diese jeweils reichen. Dennoch sind wir uns einig darin, dass z. B. ein Unschuldiger nicht für etwas verurteilt werden darf, das er nicht getan hat. Eine wissentliche Bestrafung eines Unschuldigen verletzt ein fundamentales individuelles Recht dieser Person, wie immer dieses individuelle Recht genauer zu spezifizieren ist. Mir persönlich scheint, dass eine wissentliche Bestrafung eines Unschuldigen zutiefst demütigend ist und es ein individuelles Recht darauf gibt, nicht gedemütigt zu werden.[29] Nun kann man aber leicht Situationen konstruieren – ich bin sogar überzeugt davon, dass sie in der Realität zwar nicht häufig, aber gelegentlich vorkommen –, in denen die wissentliche Bestrafung einer unschuldigen Person eine abschreckende Wirkung entfaltet, die die Summe der Präferenzenerfüllung bzw. die Nutzensumme gegenüber anderen Alternativen erhöhen kann. Man denke an einen Sheriff, der zwar weiß, dass der Hühnerdieb für weiter gehendes Unheil nicht verantwortlich ist, der sich aber angesichts der verbreiteten Auffassung im Dorf, er könne andere Schandtaten begangen haben, entscheidet, den Hühnerdieb aufhängen zu lassen, um andere davon abzubringen, weitere Schandtaten zu begehen. Es ist nicht ausgeschlossen, dass diese Rechnung aufginge. Unsere moralischen Intuitionen lassen sich aber durch eine Rechnung dieser Art nicht erschüttern, sie bleiben dabei: Die wissentliche Bestrafung eines Unschuldigen ist moralisch unzulässig. Der ethische Rationalist lässt sich durch einen solchen Konflikt nicht beeindrucken. Er wird darauf verweisen, dass solche Fälle extrem selten seien und/oder, dass eine solche moralische Intuition, die sich grundsätzlich gegen die Bestrafung Unschuldiger stellt, auch utilitaristisch gesehen durchaus Sinn mache, er wird also letztlich darauf beharren, dass im unwahrscheinlichen Falle, dass eine solche Rechnung, wie sie der Sheriff anstellt, aufgehe, die Bestrafung eines Unschuldigen moralisch geboten sei. Hilfsweise wird er auf zahlreiche moralische Intuitionen aus der Sozialgeschichte verweisen, die schon einige Jahrzehnte später als abwegig empfunden werden, um unser Vertrauen in die Urteilssicherheit lebensweltlicher Moral zu erschüttern.

Eine andere Schule des ethischen Rationalismus hat angesichts dieses Konfliktes den Spieß umgedreht und jede Berücksichtigung menschlichen Wohlergehens als moralisch irrelevant erklärt. Hier wird ein Katalog von Grundrechten zur Basis jeder Moralbeurteilung gemacht, die selbst einen axiomatischen, d.h. einen nicht mehr bezweifelbaren Status annehmen. Individuelle Rechte sind radikal partikular, sie sind an das jeweilige Individuum gebunden, das die Einhaltung seiner Rechte einfordert und zu dieser Forderung auch dann berechtigt ist, wenn die gesamtgesellschaftliche Abwägung für die Verletzung seiner individuellen Rechte spräche. Wie eindeutig dieser partikulare Gehalt der für unsere lebensweltliche Moral zentralen Rechte ist, lässt sich daran ersehen, dass ihre Verletzung auch dann als unmoralisch gilt, wenn damit andere Rechtsverletzungen vermieden würden.

(b) Der Utilitarismus kommt jedoch auch in Konflikt mit einer zweiten lebensweltlichen Partikularität, nämlich mit unseren sozialen Pflichten. Diese sind in der Regel durch ein spezifisches interpersonales Verhältnis bestimmt, etwa das zwischen Lehrern und ihren Schülern, zwischen Eltern und ihren Kindern, zwischen Vorgesetztem und Untergebenem, aber auch zwischen Bürgern der gleichen Stadt oder des gleichen Landes. Es sind spezifische Pflichten einer Person gegenüber anderen Personen, zu denen ein besonderes Verhältnis besteht. Es mag allerdings durchaus sein, dass die Nutzensumme dadurch maximiert würde, dass sich viele Eltern in den entwickelten Industrieländern nicht um ihre eigenen Kinder, sondern um eine größere Zahl fremder Kinder in den armen Regionen der Welt kümmerten. Unsere moralischen Intuitionen bleiben aber auch hier eindeutig und verurteilen diese Art moralischer Kalkulation.

(c) Eine dritte Partikularität, mit der der utilitaristische Rationalismus in Konflikt gerät, ist die der persönlichen Integrität. Das Leben einer erwachsenen Person wird durch Projekte und Bindungen bestimmt, die sich über die Zeit halten und die das Besondere des eigenen Lebens ausmachen. Die universelle Maximierung der Nutzenerfüllung im Universum aber würde gerade diese konstitutiven Elemente persönlicher Integrität zerstören. Es ist kaum denkbar, dass die konsequente Verfolgung eines Projektes möglich wäre, wenn zu jedem Zeitpunkt wieder erneut abgewogen werden müsste, ob durch diese oder eine andere Handlung der Universalität des utilitaristischen Prinzips entsprochen wird. Die Universalität des utilitaristischen Prinzips äußert sich darin, dass alle

Personen grundsätzlich gleichermaßen relevant sind, dass in die utilitaristische Kalkulation alle Nah- und Fernwirkungen meines Handelns eingehen und die davon Betroffenen gleiches moralisches Gewicht beanspruchen. Diese Form der Universalität eines ethischen Prinzips scheitert an diesen und anderen Partikularitäten unserer lebensweltlichen Moral.

III. Der Integrationsversuch von John Rawls

Während der Konflikt zwischen der Universalität des rationalistisch begründeten Prinzips und den Partikularitäten lebensweltlicher Moral im Falle des Utilitarismus ein externer ist, ist der gleiche Konflikt für die Theorie der Gerechtigkeit von John Rawls ein interner und gerade deswegen besonders instruktiv. Im Gegensatz zu fast allen anderen normativen Theorien des 20. Jahrhunderts kann man Rawls' Theorie als ambitionierten Versuch verstehen, diesen Gegensatz durch Integration zu überwinden. Das Gros der anderen normativen Theorien des 20. Jahrhunderts entscheidet sich demgegenüber für eine der beiden Seiten: Entweder sie vertrauen der einen oder anderen Form rationalistischer Begründung ethischer Prinzipien, aus denen dann das Gesamt der moralischen Beurteilung ableitbar ist, oder sie vertrauen der lebensweltlich gebundenen moralischen Intuition mit der Konsequenz, dass sie der ethischen Theorie generell ablehnend gegenüberstehen. Rawls dagegen versucht von Anbeginn beides, nämlich zum einen eine normative Theorie der Gerechtigkeit zu entwickeln, in deren Zentrum das kontraktualistische Argument steht, und zum anderen unseren vortheoretischen Gerechtigkeitssinn zu integrieren.[30] Das, was den meisten Ethikern und politischen Philosophen des 20. Jahrhunderts als unvereinbar galt, wird in eine systematische Verbindung gebracht: Auf der einen Seite das, was Rawls *well considered moral judgements* nennt, und auf der anderen Seite die Konstruktion eines hoch-theoretischen, fiktiven Urzustandes (*original position*), in dem über die Grundprinzipien der Gerechtigkeit entschieden wird, ohne dass die entscheidenden Parteien wissen, wer sie sind (Mann oder Frau, jung oder alt, intelligent oder dumm), ja nicht einmal, in welcher Zeit und unter welchen Bedingungen sie leben.

Das Spannungsverhältnis von Universalität und Partikularität wird aufgelöst in einer zweistufigen Theorie des Guten, einer schwachen und einer starken. Die schwache Theorie des Guten stützt sich auf anthropologische Universalien und setzt neben der instrumentellen und eigenorientierten Rationalität der entscheidenden Parteien lediglich allgemeines Wissen über menschliche Grundgüter voraus, zu denen so disparate Dinge wie Selbstachtung und Einkommen gehören. Schon aus dieser epistemisch mageren Basis glaubt Rawls seine beiden Prinzipien der Gerechtigkeit ableiten zu können – die maximale gleiche individuelle Freiheit im Sinne der in westlichen Demokratien garantierten Grundrechte und das Differenzprinzip, das Ungleichheiten insoweit zulässt, als sie den sozial schlechter Gestellten zum Vorteil gereichen. Die schwache Theorie des Guten ist teleologisch, sie beruht auf einem konsequentialistischen Rationalitätsbegriff und anthropologischen Universalien. Die starke Theorie des Guten ist dagegen deontologisch, sie bestimmt das Gute für den Menschen als den jeweils für dieses Individuum rationalen Lebensplan. Hier spielt der Gerechtigkeitssinn eine wesentliche Rolle. Bürgerinnen und Bürger eines Gemeinwesens, das sie als im Großen und Ganzen gerecht empfinden, sind – auf Grund dieses Gerechtigkeitssinns – bereit, ihr Leben so zu gestalten, dass es mit den Institutionen dieser Gesellschaft kompatibel ist. Sie verstehen ihr eigenes Handeln als Beitrag zu einem Netz gesellschaftlicher Kooperation und sind bereit, ihren Teil zu tun, damit diese Form der Kooperation erfolgreich ist. Rawls unterscheidet dabei zwischen den Begriffen *rational* und *reasonable.* Vernünftig (*reasonable*) ist das, was der öffentlichen politischen Kultur, in deren Zentrum ein gemeinsamer Gerechtigkeitssinn entsteht, entspricht.[31]

Kritiker haben von Anbeginn eingewandt, Rawls könne nicht beides haben, eine kontraktualistische Herleitung der Prinzipien einerseits und eine kohärentistische Konzeption ihrer Begründung.[32] Diese Kritik zeigt in meinen Augen nicht so sehr eine Schwäche der Rawls'schen Theorie auf als vielmehr einen verbreiteten erkenntnistheoretischen Irrtum in der philosophischen Ethik. Die Alternative zwischen rationalistischer Universalität auf der einen und theorieloser Partikularität auf der anderen Seite führt in die Irre. Die eigentliche Aufgabe der normativen Theorie ist es, Universalität und Partikularität in einer systematischen Rekonstruktion zu verbinden. Der Rawls'sche Entwurf – allerdings beschränkt auf das Thema der politischen Gerechtigkeit – ist der anspruchsvollste und in meinen Augen bis heute überzeugendste Versuch in diese Richtung. Seine Schwäche lässt sich allerdings leicht lokalisieren: Es ist die allzu kühne «Herleitung» der beiden Prinzipien der Gerechtigkeit aus äußerst schwachen realitätstheoretischen und anthropologischen Prämissen. Die rationalitätstheoretische Voraussetzung hängt am seidenen Faden des Maximinprinzips, dessen Anwendung unter den Bedingungen der *original position* keineswegs zwingend ist. Und die anthropologischen Prämissen sind allzu schwach und willkürlich, um diese anspruchsvolle Rekonstruktion des Kontraktualismus zu tragen. Angesichts dieser Schwäche weicht Rawls in den Schriften, die auf die *Theory of Justice* in den 80er und 90er Jahren folgen, zurück und gibt den anspruchsvollen Versuch der Integration von Universalität und Partikularität auf zugunsten dessen, was er in den *Dewey Lectures* von 1980 als *Kantian Constructivism* bezeichnet. Die Theorie der Gerechtigkeit als Fairness wird nun als Ausdruck der öffentlichen politischen Kultur verstanden, die in den USA und europäischen Demokratien etabliert ist. Zudem wird der umfassendere normative Anspruch der Theorie zugunsten einer Politisierung aufgegeben. Die Theorie der Gerechtigkeit beleuchtet nicht mehr einen Teil der ethischen Theorie insgesamt, sondern versteht sich als ein genuin politisches Angebot, das es erlaubt, sich auch bei weit divergierenden ethischen und weltanschaulichen Überzeugungen auf eine institutionelle Grundstruktur der Demokratie zu einigen. Der Kontraktualismus bleibt dabei in einer Schrumpfform erhalten: Bürgerinnen und Bürger sollen erkennen können, dass diese institutionelle Grundstruktur im Interesse aller ist, vorausgesetzt, man abstrahiert von seinen je spezifischen Situierungen. *Kantian Constructivism* heißt allerdings auch, dass entgegen den zweifellos universalistischen Intentionen Immanuel Kants diese späte Fassung der Rawls'schen Theorie ihren universellen Geltungsanspruch aufgegeben hat. Das anthropologische Fundament des ursprünglichen Kontraktualismus wird zugunsten einer Rekonstruktion der öffentlichen Kultur westlicher Demokratien aufgegeben.

Der universelle Geltungsanspruch wird beschränkt auf einen spezifischen Kulturkreis und erkauft durch die Abkopplung von dem, was Rawls *comprehensive doctrines* nennt, also umfassende normative Konzeptionen, die auch innerhalb dieses Kulturkreises miteinander in Konflikt stehen.

Ist dies der Preis, den die Integration von Universalität und Partikularität hat? *Kantian Contructivism* als Rekonstruktion der öffentlichen Kultur einer Demokratie?[33] Und ist das, was Rawls als *political, not metaphysical* bezeichnet, nicht genau besehen lediglich rekonstruktiv und eben nicht mehr normativ? Kann sich eine Theorie im Sinne des *Kantian Constructivism* überhaupt noch als eine normative verstehen oder mutiert sie zwangsläufig zu einer systematisierenden Deskription der jeweils etablierten politischen Kultur? Ich meine, dass die Antworten auf diese Fragen jeweils «nein» lauten. Rawls hätte den anderen Weg beschreiten sollen, um mit dieser Schwäche seiner Theorie in der ursprünglichen Fassung umzugehen, nämlich die anthropologischen Prämissen einerseits und die Rationalitätstheorie andererseits anzureichern, um mehr Substanz in die kontraktualistische Form seiner Theorie zu gießen. Den Weg der Verstärkung der anthropologischen Prämissen und damit der Substantiierung des normativen Universalismus hat z. B. Martha Nussbaum beschritten und gezeigt, dass er erfolgreich sein kann. Martha Nussbaum allerdings bleibt bei einer von Aristoteles inspirierten universalistischen Anthropologie einerseits und einer politischen Pragmatik andererseits stehen. Ihr fehlen die philosophischen Ressourcen, um diesen Hiatus durch eine in sich schlüssige normative Theorie des Politischen zu überbrücken.[34] Neben den anthropologischen Voraussetzungen müsste aber auch die Rationalitätstheorie substantiiert werden, um das die gesamte Rawls'sche Theorie belastende Schisma zwischen *rational* und *reasonable* zu überwinden. Eine Handlung, für die sich keine guten, öffentlich akzeptablen Gründe angeben lassen, kann nicht zugleich rational sein. Der Rationalitätsbegriff wäre also mindestens so zu erweitern, dass er die Bereitschaft zur Kooperation umfasst.[35]

Kantian constructivism nicht nur der Rawls'schen Variante[36] gibt sich als Alternative sowohl zu realistischen normativen Theorien als auch zu relativistischen. Tatsächlich scheint es mir jedoch nur zwei Alternativen zu geben: Entweder besteht der normative Anspruch der Theorie fort, dann sind wir mit substantiellen Aussagen etwa zur Frage, was gerecht und was ungerecht ist, befasst. Solche Aussagen erlauben aber schon aus semantischen Gründen keine Relativierung auf Kontexte, seien sie kulturell, politisch, ethnisch oder in anderer Weise bestimmt. Selbstverständlich kann eine substantielle Gerechtigkeitstheorie fast beliebige empirische Merkmale einer gesellschaftlichen Situation als relevant für die Gerechtigkeitsbeurteilung erklären. Wenn zwei Situationen hinsichtlich ihrer empirischen Merkmale gleich beschrieben werden, jedoch die eine als gerecht und die andere als ungerecht beurteilt wird, so sind die zugrunde gelegten normativen Kriterien jedoch unvollständig. Offensichtlich wurden normativ relevante empirische Merkmale der Situation unberücksichtigt gelassen. In diesem Sinne bleibt es für jede genuin normative Theorie, etwa der Gerechtigkeit, bei der metatheoretischen Forderung, dass zu berücksichtigende Partikularitäten in die Kriterien der Theorie selbst integriert werden müssen, damit sie ihren normativen Status aufrechterhalten kann. Eine genuin normative Theorie beansprucht universelle Geltung. Dieses metatheoretische Postulat ist in die Semantik normativer Begriffe eingelassen. Eine Theorie, die davon abweicht, d. h. die dieses metatheoretische Postulat verletzt, wird unter der Hand zu einer deskriptiven Theorie. Sie beschreibt dann lediglich die öffentliche Kultur, wie Rawls dies in seinen späteren Schriften bezeichnet, oder das System etablierter Modi normativer Beurteilung generell. Der normative Anspruch geht dabei verloren. Es macht einen Unterschied aus, ob ich feststelle, dass die öffentliche Kultur des eigenen Landes auch durch einen gemeinsamen Gerechtigkeitssinn geprägt ist, oder ob ich Kriterien der Gerechtigkeit entwickle, die es erlauben, zentrale Elemente dieser öffentlichen Kultur systematisch zu rekonstruieren. In diesem Falle, nämlich dem einer genuin normativen Theorie, behaupte ich zweierlei: Erstens, dass dies oder jenes das angemessene Kriterium der Gerechtigkeit sei, und zweitens, dass dieses Kriterium den normativen Gehalt der etablierten öffentlichen Kultur besser zu verstehen erlaubt oder gar mit zentralen Elementen dieser Kultur übereinstimmt. Die zweite These ist keine normative, sondern eine explikative. Die betreffenden Prinzipien der Gerechtigkeit erklären die Praxis und Argumentationsformen der öffentlichen Kultur in der gleichen Weise wie naturwissenschaftliche Gesetze empirische Regularitäten erklären. Eines jedenfalls scheint mir – schon aus semantischen Gründen – nicht möglich zu sein: die Kombination von Normativität erster Ordnung und Skeptizismus zweiter Ordnung.[37] So kann John Rawls zwar die Kompatibilität seiner Gerechtigkeitstheorie mit ganz unterschiedlichen ethischen Grundkonzeptionen in Anspruch nehmen und diese Art von weltanschaulicher/philosophischer Neutralität als Merkmal einer genuin politischen Theorie der Gerechtigkeit herausarbeiten,[38] aber als normative Theorie der Gerechtigkeit hat sie einen universellen Geltungsanspruch, der sich nicht abschwächen lässt, ohne dass sie ihre Normativität vollständig einbüßt.

Selbst das, was als *modus vivendi* zwischen weltanschaulich und philosophisch weit divergierenden Gruppen der Bürgerschaft vereinbart wird, um einen friedlichen Interessenausgleich zu sichern, gewinnt nur dadurch normative Verbindlichkeit, dass eben dies, der gefundene *modus vivendi*, unter den gegebenen Bedingungen als angemessen, hinreichend gerecht, durch Zustimmung der Beteiligten validiert gelten kann. Das, was für alle Beteiligten überzeugend ist, ist aber universell als wohlbegründete Form des Interessenausgleichs begründet. «Universell» heißt hier nichts anderes, als dass aus jeder Perspektive, einschließlich der Perspektive des Unbeteiligten, ein solches Arrangement begründet ist. Diese diskursethisch anmutende Formulierung ist nicht auf eine Konsensustheorie normativer Wahrheit (oder moralischer Geltung) festgelegt. Der Realismus unterscheidet sich vom Non-Realismus darin, dass er keine epistemische Wahrheitsdefinition für adäquat hält. Etwas kann auch dann wahr sein, wenn Menschen dies selbst unter idealen epistemischen Bedingungen nicht erkennen. Diese Form des Realismus (oder wegen seiner Zurückweisung epistemischer Wahrheitsbegriffe: Anti-Idealismus) ist in der Ethik und der normativen politischen Theorie damit verträglich, dass die faktische Zustimmung normativ relevant sein kann. Wenn zwei zurechnungsfähige Personen unter bestimmten, im Bürgerlichen Gesetzbuch genauer beschriebenen Bedingungen eine Vereinbarung treffen, dann ist der Inhalt dieser Vereinbarung für beide verbindlich. Wenn ich gegenüber einer anderen Person ein Versprechen gegeben habe, so gibt es eine moralische Verpflichtung für mich, dieses Versprechen einzulösen. Die faktische Zustimmung generiert normative Bindungen. Dies gilt im Ein-Personen-Fall (Versprechen), im Zwei-Personen-Fall (Vertragsabschluss) sowie im Mehr-Personen-Fall des Gesellschaftsvertrages. Auch wenn die jeweilige normative Bindung nur den betreffenden Personenkreis (eine, zwei, viele Personen) umfasst, so ist diese dennoch universell gültig, d. h. es gibt eine normative Verpflichtung für die betreffende Person, sich entsprechend zu verhalten: das Versprechen zu halten, den Vertrag zu erfüllen, die Institutionen, die durch den Gesellschaftsvertrag etabliert wurden, zu realisieren. Diese Verpflichtungen gelten jeweils normativ, d. h. sie bestehen nicht mehr wegen einer bestimmten Interessenlage: Ich habe auch dann die Verpflichtung, mein Versprechen zu halten, wenn unterdessen die Einhaltung dieses Versprechens nicht mehr in meinem Interesse ist. Die vertragsschließenden Parteien haben auch dann die Verpflichtung, den Vertrag zu erfüllen, wenn die Erfüllung des Vertrags nicht im Interesse jedes der Vertragspartner ist. Die Bürgerinnen und Bürger sind hier individuell gehalten, die durch den Gesellschaftsvertrag etablierten Institutionen zu realisieren, auch wenn einzelne Bürger in bestimmten Situationen ein persönliches Interesse daran haben, sich nicht zu beteiligen. Universelle normative Geltung darf nicht mit der gleichmäßigen Verpflichtung aller Personen verwechselt werden. Verpflichtet ist derjenige, der das Versprechen gegeben hat, sind diejenigen, die den Vertrag geschlossen haben, sind die Bürgerinnen und Bürger einer von allen getragenen politischen Ordnung. Die jeweils ausschlaggebende empirische Bedingung (die Tatsache, dass ein Versprechen gegeben wurde, die Tatsache, dass ein Vertrag geschlossen wurde, die Tatsache, dass die Bürgerinnen und Bürger übereingekommen sind, ihre Interessen in einer spezifischen Form politischer Institutionen zu realisieren) ist nicht für sich selbst genommen verpflichtend – dies wäre in der Tat ein unzulässiger Schluss von Sein auf Sollen –, sondern nur deswegen, weil das jeweilige Faktum für das Bestehen einer Verpflichtung ausschlaggebend ist. Dieser Zusammenhang zwischen der jeweiligen faktischen Bedingung einerseits und der Verpflichtung andererseits aber kann nur durch ein normatives Kriterium hergestellt werden. Es ist das normative Kriterium oder das ethische Prinzip, das die Brücke zwischen Faktizität und Geltung schlägt. Dieses aber ist gültig oder ungültig. Ob es gültig ist, ist eine Frage der normativen Wahrheit, und diese wiederum wird durch Konsens nicht konstituiert, wenn auch ihre Wirksamkeit im Sinne der Handlungssteuerung von Personen meist voraussetzt, dass diese jene Norm akzeptieren bzw. von ihrer normativen Geltung überzeugt sind. Die jeweiligen empirischen Bedingungen spezifischer Verpflichtungen dürfen nicht verwechselt werden mit der Geltungsfrage derjenigen normativen Kriterien, die diese empirischen Bedingungen erst moralisch relevant machen. Es bedarf keiner spezifischen anti-realistischen (oder epistemischen) Wahrheitsdefinition, um anerkennen zu können, dass nicht nur der reale, sondern auch der kontrafaktische einschließlich des idealen Konsenses normativ relevant ist. Für die Rawls'sche Theorie ist der faktische Konsens der Bürgerschaft nicht ausschlaggebend, wohl aber der kontrafaktische unter Bedingungen, die niemals (und zwar aus prinzipiellen Gründen) realisiert werden können, nämlich der Konsens von Parteien in der *original position*, denen alles Wesentliche einer menschlichen Existenz abgeht, die nicht wissen, ob sie Mann oder Frau sind, die nicht wissen, wie alt sie sind und wann sie leben. Und dennoch konnte Rawls plausibel machen, dass dieser kontrafaktische, wenn man so will: ideale Konsens ein gutes normatives Kriterium ist, um Gerechtigkeit als Fairness zu bestimmen. Die kulturellen und sozialen Partikularitäten – hier des Versprechens, des bürgerlichen Vertrages und des Gesellschaftsvertrages – gewinnen in dieser Perspektive normative, und das heißt universelle Geltung, ganz unabhängig von spezifischen Wahrheitstheorien des Moralischen.

IV. Die Einheit der Lebenswelt

Kehren wir zu den beiden erkenntnistheoretischen Grundpositionen zurück, die wir im ersten Kapitel (Abschnitt IV) auch durch Zitate von Descartes und Wittgenstein näher charakterisiert haben. Entgegen dem rationalistischen Versuch, Gewissheit erst durch Wissenschaft zu sichern und die Gesamtheit lebensweltlicher Vertrautheiten zur Disposition zu stellen, folgen wir Wittgenstein in der Auffassung der Unhintergehbarkeit lebensweltlichen Orientierungswissens und lebensweltlicher Verständigungspraxis.[39] Die eigentliche Problematik der Wittgenstein'schen Perspektive ist nicht ihr vermeintlicher Irrealismus, sondern ihr Pluralismus, also genau das, was postmoderne Wittgenstein-Adepten als besondere Attraktivität der Sprachspiel-Theorie begreifen. Das Medium der Integration liegt jedoch auf der Hand: es ist die Einheit der Lebenswelten. Unter der *Einheit der Lebenswelt* verstehen wir dabei den Zusammenhang der unterschiedlichen epistemischen und konativen Konstituentien der Lebenswelt. Statt «Einheit» oder «Zusammenhang» können wir auch von der Kohärenz der Lebenswelt sprechen, die Voraussetzung dafür ist, dass das Individuum handlungs- und urteilsfähig ist. Die lebensweltliche Praxis einer Person repräsentiert im Sinne einer philosophisch substantiierten Entscheidungstheorie[40] zwei Arten propositionaler Einstellungen: epistemische, handlungsrelevante Überzeugungen (Vermutungen, Erwartungen, Meinungen etc.) und handlungsrelevante Präferenzen (Wünsche, Absichten, Motive etc.). Eine rationale Person hat kohärente propositionale Einstellungen, also Einstellungen dazu, dass etwas der Fall ist. Sie wünscht sich, dass etwas der Fall ist, und berücksichtigt dabei, dass die Realisierung dessen nicht unabhängig davon möglich ist, dass andere Sachverhalte realisiert sind, die sie möglicherweise weniger wünscht. Ihre Wünsche sind im doppelten Sinne kohärent: einmal insofern, als sie Bedingungen wie die der Transitivität erfüllen, also dass es nicht vorkommen kann, dass die Person a gegenüber b bevorzugt und b gegenüber c, aber c gegenüber a bevorzugt, aber auch in dem Sinne, dass sie die kausalen Zusammenhänge und bedingten Wahrscheinlichkeiten berücksichtigt. Die Gesamtheit ihrer subjektiven Wahrscheinlichkeiten erfüllt die Axiome der Wahrscheinlichkeitstheorie. Die einzelnen Begründungsspiele knüpfen sich also zu einem Netz, das das Ausmaß an epistemischer und konativer Kohärenz sichert, das erforderlich ist, um Individuen handlungsfähig zu machen. Größere Lücken in diesem Netz führen zu unauflöslichen Handlungskonflikten, zu praktischen Dilemmata. Die Einheit unserer Lebenswelt, ihre interne Kohärenz, äußert sich in der Handlungsfähigkeit jeder einzelnen

Person, und die Rolle, die Verständigung dabei spielt, macht deutlich, dass es sich um eine gemeinsame Lebenswelt handelt, dass nicht jedes Individuum *seine* Lebenswelt ausprägt. Die Einheit der Lebenswelt besteht nicht nur intrapersonell, sondern auch interpersonell. Das Wittgenstein'sche Privatsprachen-Argument[41] radikalisiert dieses interpersonelle Verständnis.

Wir führen sowohl für unsere Überzeugungen wie für unsere Wünsche in der Regel Gründe an. Praktische und theoretische Gründe prägen die Verständigung und bestimmen die Rationalität unserer Meinungen und Absichten. Die die Lebensform eines Individuums prägenden theoretischen und praktischen Gründe werden über Kohärenzbedingungen in der skizzierten Weise integriert. Wir bilden jedoch unsere Überzeugungen und Wünsche nicht isoliert aus, sondern als Teil einer Sprachgemeinschaft. Sie bestimmt sich über eine Verständigungspraxis mit unterschiedlichen Begründungsspielen, die in kohärenter Weise verknüpft sind. Der unaufgeregte Realismus, wie ich ihn vertrete, meint nichts anderes als dies: unsere lebensweltlichen deskriptiven wie normativen Überzeugungen, die Elemente unseres Orientierungswissens als das nehmen, was sie für uns sind. Einzelne dieser Überzeugungen erscheinen uns dann als zweifelhaft, wenn sie sich mit anderen schlecht vertragen. Es gibt ein subjektives Gefälle der Gewissheit, und wir versuchen, weniger gewisse Meinungen dadurch zu begründen, dass wir auf gewissere rekurrieren und eine Verbindung zwischen beiden dadurch herstellen, dass wir Regularitäten – solche, die deskriptive und solche, die normative Überzeugungen betreffen – formulieren. Der Übergang zur Wissenschaft ist fließend. Der in unsere lebensweltlichen Überzeugungen eingelassene Realismus überträgt sich auf unsere wissenschaftlichen Theorien. Es ist die Lebenswelt, die den Realitätsgehalt von wissenschaftlicher Theorien sichert – und nicht umgekehrt die Wissenschaft, die den Realitätsgehalt unserer lebensweltlichen Überzeugungen prüft und gegebenenfalls bestätigt.

Der einheitsstiftenden Rolle der Lebenswelt, der Verständigung innerhalb einer Sprachgemeinschaft und der Handlungskompetenz der Individuen steht die Pluralität von Lebenswelten und Sprachgemeinschaften gegenüber. Lösen die Partikularitäten in einer spezifischen Lebenswelt und Sprachgemeinschaft dann nicht letztlich doch jeden universellen Geltungsanspruch, jede Objektivität und die realistische Interpretation unserer deskriptiven wie normativen Überzeugungen auf? Anzunehmen, dass unsere in der jeweiligen Lebenswelt verankerten deskriptiven wie normativen Überzeugungen jeweils nur in diesem Kontext gelten, dass sie gewissermaßen die Partikularitäten der Kultur, der man angehört, zum Ausdruck bringen, würde zu einer Selbstaufhebung führen. Denn wenn dem so wäre, dann müsste auch dieser Befund selbst als eine dieser Überzeugungen auf den kulturellen Kontext relativiert werden, dann könnte auch für diese These keine universelle Geltung beansprucht werden. Der Austausch von Argumenten pro und contra wäre obsolet. Anders formuliert: Wir können gar nicht anders, als für Überzeugungen, die uns wohlbegründet erscheinen, universelle Geltung zu beanspruchen, also anzunehmen, dass diese nicht lediglich im Kontext unserer Lebenswelt und unserer Sprachgemeinschaft begründet sind. Auch wenn die Modi der Begründung von den je etablierten «Begründungsspielen» abhängen, so sind die Ergebnisse doch, gerade weil es sich um genuine Begründungen handelt, davon unabhängig. Ein deskriptives oder normatives Urteil zu begründen heißt nicht, lediglich eine Folge von Behauptungen aufzustellen, die ihrerseits günstigstenfalls durch die jeweils vorausgehende begründet sind, sondern bedeutet, am Ende rationalerweise anzunehmen, dass die begründete Überzeugung zutrifft bzw. wahr ist. Dieser Wahrheitsanspruch ist gegenüber dem von Descartes geforderten abgeschwächt: Die rationale Person weiß, dass auch die beste Begründung täuschen kann, dass sie zwar rationalerweise von der Wahrheit überzeugt sein darf, dass damit aber keine letzte unrevidierbare Gewissheit verbunden ist. Dieser rationale Wahrheitsanspruch ist nicht zertistisch und er mündet daher auch nicht angesichts der Unsicherheiten unseres Urteilens in die radikale Skepsis oder den Relativismus.

Wenn die Begründungsspiele, die im Rahmen unterschiedlicher Lebensformen und Sprachgemeinschaften gespielt werden, zu immer divergenteren Ergebnissen führten, wenn keinerlei Hoffnung auf Konvergenz der Begründungsspiele über die Lebenswelten und Sprachgemeinschaften hinweg bestünde, dann würden wir unseren lebensweltlichen Realismus nicht aufrechterhalten können. Dann würde aber auch das Spiel des Begründens innerhalb der einzelnen Lebensformen rationalerweise ein Ende haben. Ich sehe aber keinen hinreichenden Grund für diese Form des epistemischen Pessimismus, der unseren lebensweltlichen Realismus und die universellen Wahrheitsansprüche in Frage stellen würde. Es gibt vielmehr Grund, im epistemischen Sinne optimistisch zu sein, d.h. anzunehmen, dass das fortgesetzte Spiel des Begründens zur Konvergenz unserer deskriptiven wie normativen Überzeugungen beiträgt. Der Menschenrechtsdiskurs der vergangenen Jahrzehnte und der kulturinvariante Erfolg wissenschaftlichen Denkens sprechen für einen epistemischen Optimismus. Wir dürfen hoffen, dass die kritische Prüfung unserer Überzeugungen dazu führt, dass unzutreffende verworfen und zutreffende beibehalten werden, dass wir unsere deskriptiven wie normativen Irrtümer korrigieren und den Bereich unseres deskriptiven wie normativen Wissens erweitern. Es ist ein wesentliches Charakteristikum dieses Prozesses, dass Partikularitäten der jeweiligen Kultur, der Sprachgemeinschaft und der individuellen Lebensform in universelle Geltungszusammenhänge eingebettet und damit erst für andere Kulturen, Sprachgemeinschaften und Lebensformen verständlich und begründbar gemacht werden. In diesem Prozess gibt es Revisionen in beide Richtungen. Partikularitäten werden aufgegeben und universelle Geltungsansprüche revidiert. Ziel ist das, was John Rawls als *reflective equilibrium*, als Überlegungsgleichgewicht, bezeichnet hat, das allerdings dann nicht an die politische Kultur einer spezifischen Gesellschaft gebunden ist. Das universelle Überlegungsgleichgewicht ist inklusiv, d. h., es schließt alle ein, die sich an der Begründung und kritischen Prüfung beteiligen wollen und können. Die erkenntnistheoretische Grundlage dieser Inklusivität ist der universelle Geltungsanspruch unserer normativen wie deskriptiven Überzeugungen. Je mehr sich die kritische Prüfung von den spezifischen Partikularitäten der geteilten Lebensform ablöst, desto verlässlicher ist das Ergebnis. In diesem Prozess werden allerdings nicht nur die einzelnen Lebensformen transzendiert, sondern sie werden in eine universelle Kultur- und Sprachgemeinschaft integriert, die ihrerseits eine Praxis des Begründens voraussetzt und eine – wenn auch im Vergleich zu den lokalen ephemere – Lebensform etabliert.

Drittes Kapitel

Ethische Begründung[42]

Nachdem wir im ersten Kapitel dafür argumentiert haben, dass eine Demokratie normative Wahrheitsansprüche nicht nur nicht ausschließt, sondern diese zu ihrem Wesensgehalt gehören, und wir im zweiten Kapitel das Verhältnis partikularer, kulturell gebundener Begründungen und universeller, inklusiver Geltung diskutiert haben, wenden wir uns in diesem Kapitel sowohl gegen die verbreitete Skepsis hinsichtlich der Rechtfertigbarkeit ethischer Normen als auch gegen die rationalistischen Versuche, diese zu überwinden.

Die These lautet kurz gefasst, dass es kein spezifisches Problem ethischer Begründung gibt, obwohl die meisten zeitgenössischen Ethiker dieses Problem für das zentralste der praktischen Philosophie halten (IV). Der Eindruck, dass dieses Problem existiere, geht aus einem Komplex von Überzeugungen hervor. Dazu gehört die Überzeugung, dass wir seit der Säkularisation in einer moralischen Krise leben würden (I), dass nur eine Begründung, die nicht auf etablierte moralische Auffassungen Bezug nimmt, dem genuin normativen Charakter der Ethik gerecht werden könne (II), und dass moralische Motivation ein Rätsel bleibe, wenn sie sich nicht aus der Berücksichtigung eigener Interessen herleite (III). Ich werde mich in diesem Essay öfter auf Ernst Tugendhats Ethik beziehen, weil die Frage dort besonders eindringlich und klar erörtert wird. In ihrem Rationalismus (und Skeptizismus) ist Tugendhats Ethik jedoch für weite Teile der zeitgenössischen Ethik paradigmatisch, wenn der

Autor auch einen besonders prononcierten Standpunkt einnimmt.

I. Eine moralische Krise?

Für Tugendhat gibt es ein spezifisches Begründungsproblem der Moral, genauer: es gibt ein spezifisches Begründungsproblem der *aufgeklärten* Moral als einer, die nicht im «Glauben und im Gehorsam an das Geglaubte», sondern «im eigenen Einsehen und Wollen» gründet.[43] Während ich die Auffassung Tugendhats teile, dass die moderne Moral säkular, also unabhängig von Glaubensinhalten sein sollte, bin ich im Unterschied zu Tugendhat der Auffassung, dass es *kein spezifisches Problem der Begründung aufgeklärter Moral* gibt.

In engem Zusammenhang steht eine weitere Auffassung Tugendhats, die besagt, dass wir uns heute in einer Phase moralischer Desorientierung bzw. in Zeiten einer moralischen Krise befinden: «Obwohl die meisten durchaus bestimmte moralische Überzeugungen haben, können sie doch gewöhnlich nicht sagen, worauf sie beruhen.»[44] Ich bin demgegenüber der Auffassung, dass wir uns nicht in einer Phase moralischer Desorientierung oder in einer moralischen Krise befinden und meine, dass die Tatsache, dass die meisten Menschen zwar bestimmte moralische Überzeugungen haben, aber oft nicht sagen können, worauf diese beruhen, uns nicht weiter beunruhigen sollte. Die Idee einer Begründung aller Moral aus einem Prinzip beruht auf einem philosophischen Irrtum; dieser spielt im Bereich unserer deskriptiven Überzeugungen kaum noch eine Rolle, wirkt aber in der philosophischen Ethik mit einer erstaunlichen Hartnäckigkeit fort. Ich werde in diesem Beitrag versuchen deutlich zu machen, dass die bisweilen verzweifelt anmutende Suche nach dem sicheren Fundament allen moralischen Urteilens und Verhaltens entbehrlich ist, dass eine moderne, aufgeklärte Moral eines solchen Fundaments, das das verloren gegangene Glaubensfundament ersetzt, nicht bedarf.

An dieser Stelle mag offen bleiben, welcher der beiden Dissense der fundamentalere ist und ob der eine auf den anderen zurückgeführt werden kann. Dass aber ein Zusammenhang zwischen den beiden besteht, liegt auf der Hand. Die Beantwortung der Frage, ob wir in einer Zeit moralischer Krise leben, bedürfte empirischer Befunde, z. B. bezüglich folgender Fragestellungen: In welcher Weise werden moralische Überzeugungen gebildet? Was prägt die moralischen Motive unserer Zeitgenossen? Empfinden sie eine Art moralischer Ratlosigkeit angesichts des verlorenen religiösen Fundamentes der Moral? Welche Modi der Begründung sind verbreitet? Ich werde mich in diesem Beitrag auf den ersten der beiden Dissense konzentrieren, allerdings hoffe ich, dass sich aus der Klärung dieses Dissenses heraus besser verstehen lässt, warum wir nicht in einer Zeit moralischer Krise leben.

Wenn Tugendhat und mit ihm viele andere Theoretiker von MacIntyre[45] bis Habermas[46] sagen, die Moral sei früher in unserer wie in anderen Kulturen stets religiös oder durch das Herkommen begründet gewesen und eine solche Begründung überzeuge heute nicht mehr, so stellt sich sofort die Frage, in welchem Sinne denn hier von einer Begründung die Rede ist. Menschen hatten in vergangenen wie in heutigen Kulturen Überzeugungen davon, was richtig und was falsch ist, was sie tun und was sie lassen sollten, was ein angemessener und was ein unangemessener Umgang miteinander ist. Die meisten, vielleicht alle Menschen so gut wie aller uns bekannten Kulturen in Vergangenheit und Gegenwart waren und sind davon überzeugt, dass man seine Versprechen halten, dass man gegenüber Wohltätern dankbar sein oder dass man nicht mutwillig ohne guten Grund einen anderen Menschen beschädigen sollte usw. Diese normativen Überzeugungen entsprachen und entsprechen einem komplexen Institutionengefüge, das die jeweilige Praxis der Interaktion bestimmt.

Wenn ich hier von «Institutionen» spreche, so meine ich dies in dem weiten Sinne, in dem man zum Beispiel sagen kann, dass es die Institution des Versprechens gibt, d. h. ein regelgeleitetes interaktives Verhalten, dessen Feinheiten etwa in der Sprechakt-Theorie John Austins beschrieben sind.[47] Dass eine entsprechende Institution etabliert ist, zeigt sich daran, dass abweichendes Verhalten, d. h. ein Verhalten, das die für die Institution konstitutiven Regeln verletzt, als solches, d. h. eben als *abweichendes* wahrgenommen wird – ganz unabhängig davon, ob damit Sanktionen verbunden sind oder nicht. Es sind weder externe noch interne Sanktionen, die eine institutionell konstitutive Regel definieren, sondern es ist die Fähigkeit der an den für die Institution ausschlaggebenden Interaktionen Beteiligten, *abweichendes* von *konformem* Verhalten in *kohärenter*, d. h. hinreichend übereinstimmender Weise zu unterscheiden und sich gegebenenfalls davon Mitteilung zu machen.

Wenn ein Angehöriger einer uns ganz fremden Kultur zu einem bestimmten Zeitpunkt an einen Ort kommt und er von dem interessierten Ethnologen befragt wird, warum er das tue und er darauf antwortet, er habe das einem anderen Bewohner seines Dorfes gestern versprochen und erwarte diesen nun, so ist dies unter Normalbedingungen eine erschöpfende Antwort: Ein gegebenes Versprechen *konstituiert* einen guten Grund, dieses Versprechen zu halten. Wenn nun der Ethnologe leichtfertigerweise während seines Studiums ein Seminar zur modernen Moralphilosophie belegt hatte und daher mit dieser Antwort nicht zufrieden ist und weiter nachfragt, etwa warum er denn eigentlich sein gegebenes Versprechen einhalten wolle, so wird der kluge Dorfbewohner ob der Dummheit dieser Frage nur den Kopf schütteln. Er habe doch ein Versprechen gegeben und es sei doch selbstverständlich, ein solches Versprechen einzuhalten. Der kluge Dorfbewohner wird sich weiteren Nachfragen des philosophierenden Ethnologen entziehen. Es ist nicht ausgeschlossen, dass er bei hartnäckigem Insistieren des philosophierenden Ethnologen auf den Willen der Götter verweist. Vielleicht meint er, dass es die Götter sind, die wollen, dass wir unsere Versprechen halten. Wie wesentlich dies für seine tatsächliche Motivationslage ist, sei dahingestellt. Ich vermute allerdings, dass es nicht nur ein logisches, sondern auch ein genetisches Primat der Moral gegenüber der Religion gibt. Das zeigt sich etwa in dem Bemühen der unterschiedlichen religiösen Systeme, wenigstens die wichtigsten der für das menschliche Zusammenleben so segensreichen moralischen Institutionen, wie zum Beispiel die des Versprechens, zu integrieren. Es geht darum, zumindest den Eindruck zu erwecken, dass sich dieses komplexe System von Institutionen, die das Netz alltäglicher Interaktionen und spezieller Kooperationen tragen, in wenigen Prinzipien oder Glaubenssätzen, etwa den Zehn Geboten, zusammenfassen lässt. Manchem Religionsstifter mögen auch Unzulänglichkeiten und Widersprüche der lebensweltlich etablierten Moralität vor Augen gestanden haben, und er versuchte, diese durch eine neue Interpretation zu reformieren. Das Verbot des Inzests durch Moses mag für ein solches, allerdings nur mythologisches Beispiel herhalten.

Ich glaube jedenfalls nicht an eine *Erfindung der Moral durch die Religion*, weder im historischen noch im normativen Sinne. Das Normative kommt nicht durch das Religiöse in die Welt, sondern es ist immer schon da, wo Menschen, d.h. Wesen, die sich von Gründen affizieren lassen, miteinander interagieren. Der Dorfbewohner unserer fiktiven Ethnie, vielleicht aus ferner Zeit, versucht sich so zu verhalten, wie es ihm richtig erscheint. Das, was ihm jeweils in bestimmten Handlungssituationen als richtig erscheint, hängt von vielen Details ab – in welchem Verhältnis etwa die handelnden Personen zueinander stehen, welche Vorgeschichte diese Interaktion hat, welche sozialen Pflichten und eingegangenen Verpflichtungen bestehen, ob Dritte von dem, was hier verhandelt wird, betroffen sind usw. Der Dorfbewohner wurde Mitglied der moralischen Gemeinschaft seines Dorfes oder seiner Ethnie, indem er dieses komplexe System von miteinander verbundenen Institutionen gelernt hat, und nicht etwa indem er dem Dorfältesten zuhörte, als er von den Gottheiten erzählte. In einer animistischen Kultur wird er einen Zusammenhang hergestellt haben zwischen der Allbeseeltheit der ihn umgebenden natürlichen Welt und den zwischenmenschlichen Beziehungen und Interaktionen. Wenn diese animistische Religiosität etwa durch die Konfrontation mit der modernen technischen Zivilisation kollabiert, so mag es in der Tat so etwas geben wie eine metaphysische oder weltanschauliche Krise. Die zwischenmenschlichen Beziehungen und Interaktionen sind nun nicht mehr eingebettet in den größeren Zusammenhang einer animistischen Religiosität, sondern losgelöst, und dies kann, muss den ehemaligen Dorfbewohner jedoch nicht erschüttern. Dort, wo die Verlässlichkeit der etablierten moralischen Institutionen erodiert, ist der verstärkte Einsatz weltanschaulicher und religiöser Sanktionsdrohungen ein historisch beliebtes Mittel, um diesem Prozess gegenzusteuern. Die Geschichte der frühen Neuzeit in Europa bis zu den Hexenprozessen, die bis ins 18. Jahrhundert andauerten, bietet dafür vielfältige Belege. Wenn diese Form der Stabilisierung dann keinen Erfolg mehr hat, mag die Fehlinterpretation nahe liegen, dass es der Niedergang des religiösen Fundaments der lebensweltlichen Moral war, der diese kollabieren ließ.

Um hier einem Missverständnis vorzubeugen, variiere ich das obige Beispiel. Angenommen, der Ethnologe trifft den Dorfbewohner wieder am gleichen Ort an, jetzt aber in Kenntnis der Tatsache, dass es auf dem Wege zu dieser Verabredung die Gelegenheit zum günstigen Kauf einer Kuh gegeben hätte, die sich der Dorfbewohner entgehen ließ, um sein Versprechen einzuhalten. Während der Ethnologe zuvor mit seiner Nachfrage auf taube Ohren stieß, wird er jetzt Erfolg haben, wenn er fragt, warum der Dorfbewohner sich diese günstige Gelegenheit zum Kauf der Kuh entgehen ließ, um lediglich sein Versprechen einzuhalten. Vielleicht wird er zur Antwort erhalten, dass die Einhaltung des Versprechens eben wichtiger sei, als diese günstige Gelegenheit zum Kauf einer Kuh wahrzunehmen. Die Antwort würde zeigen, dass zumindest rudimentär zwischen zwei Arten von Gründen unterschieden wird: zwischen denen, die durch eine selbst eingegangene Verpflichtung, und jenen, die durch eigene

Interessen und das Auftauchen einer günstigen Situation, diesen nachzukommen, entstanden sind. Es ist allerdings nicht gesagt, dass der Dorfbewohner dies als Gegensatz zwischen Moral und Klugheit verstehen wird, wie wir es tun, die wir von kantischer Ethik beeinflusst sind. Möglicherweise wird er diesen Gegensatz nicht gelten lassen, sondern lediglich den Konflikt zweier Handlungsgründe erkennen, diese aber nicht zwei kategorial verschiedenen Typen zuordnen. Vielleicht ist er hinsichtlich des Einhaltens des Versprechens Absolutist, d. h. er meint, dass sich hier jede Abwägung verbietet, aber als kluger Dorfbewohner wird er zugeben, dass, wenn das Überleben seines Kindes davon abgehangen hätte, nicht dorthin zu gehen, er die Verabredung nicht eingehalten hätte. Es ist für mich schlechterdings kein moralisches System vorstellbar, das nicht wenigstens rudimentäre Abwägungen – wir können diese als *praktische Deliberation* bezeichnen – erforderlich macht. Es gibt wohl in jeder Kultur Konflikte, und zwar moralische – oder sagen wir allgemeiner – praktische Konflikte, die durch praktische Deliberation gelöst werden. Je größer der Umfang dieser praktischen Deliberation in der Lebenswelt ist, desto größer wird die individuelle Verantwortung der Handelnden. Ich kann keine umfassende historische Entwicklung von traditioneller Eindeutigkeit zu moderner Ambivalenz erkennen.

Ein Versprechen gegeben zu haben ist ein guter Grund, das zu tun, was dieses Versprechen erfüllt. Im Dunklen einen Schatten zu sehen, kann in der Tundra ein guter Grund sein anzunehmen, dass dort ein Wolf steht. In beiden Fällen kann sich herausstellen, dass es sich nur um einen *prima facie* guten Grund handelte, dass der Schatten nicht von einem Wolf, sondern von einem Schäferhund stammte, und dass das vermeintliche Versprechen gar keines war, weil es vom Adressaten nicht ernst genommen wurde. Es gibt moralische und außermoralische Überzeugungen, die uns gewisser erscheinen als andere. Wenn wir in schlechter kartesischer Tradition gleiche absolute Gewissheit fordern und, wenn diese nicht einlösbar ist, das Gesamt unserer Überzeugungen in Frage stellen, würden wir die Grundlagen jeder praktischen und theoretischen Deliberation zerstören. Deliberation setzt ein Gefälle von Gewissheiten und Prioritäten von Regeln und Wertungen voraus, das es erst erlaubt, systematische Zusammenhänge zwischen einzelnen Überzeugungen herzustellen und damit Ungewisseres gewisser zu machen. Darin besteht das *Spiel des Begründens* und nicht im vergeblichen Graben nach einem verborgenen Fundament, auf dem alle unsere moralischen wie außermoralischen Überzeugungen vermeintlich beruhen. Dieses verborgene Fundament besteht weder im *cogito* noch in der Existenz Gottes, aber auch nicht in einem spezifischen Selbstbild, in Protokollsätzen oder individuellen Interessen. Diese und zahlreiche andere philosophische Tiefbauten sind nicht hinreichend und nicht erforderlich, um unser lebensweltliches Orientierungswissen, sei es normativer oder deskriptiver Art, verlässlich zu machen. Wir benötigen keine Physik, um Grund zu haben, unseren Sinneserfahrungen im Großen und Ganzen zu vertrauen, wie wir keine kontraktualistische Ethik benötigen, um (in der Regel) Grund zu haben, unsere Versprechen zu halten. *A fortiori* benötigen wir keinen Gottesglauben – weder für das eine noch für das andere. Der Zweifel macht nur *als lokaler* Sinn: Wir können so gut wie jede unserer deskriptiven wie normativen Überzeugungen einer kritischen Prüfung unterziehen, aber wir können weder das Gesamt unserer normativen noch das Gesamt unserer deskriptiven Überzeugungen in Frage stellen. Auch der Zweifel muss begründet sein, und diese Gründe beziehen sich auf konkurrierende Ergebnisse praktischer und theoretischer Deliberationen. Der Dorfbewohner mag zweifeln, ob er angesichts dieser Chance eines günstigen Kaufs einer Kuh sein Versprechen brechen darf, aber er wird nicht generell daran zweifeln, dass man seine Versprechen einhalten sollte. Schon dieser Zweifel, obwohl er nur eine von einer großen Zahl unterschiedlicher moralischer Institutionen betrifft, wäre allzu global, er erschiene dem Dorfbewohner – und uns – unbegründet.

Was wäre eine moralische Krise? Etwa dass uns viele oder sogar alle unserer moralischen Überzeugungen bezweifelbar erschienen? Nein, nur der *Zertist,* nur derjenige, der für seine Überzeugungen absolute Gewissheit sucht wie z. B. Descartes, würde dies als eine moralische Krise empfinden. Alle (im Sinne von jeder einzelnen, also distributiv verstanden) unsere moralischen Überzeugungen können angezweifelt werden. Jede moralische Überzeugung kann in Konflikt geraten mit anderen Überzeugungen, die gewisser erscheinen, und dies würde eine lokale Skepsis begründen. Alle unsere moralischen Überzeugungen können in Konflikt mit anderen geraten, und dies kann Zweifel an ihrer Verlässlichkeit begründen. Da wir aber vernünftigerweise nicht nur gegenüber unseren deskriptiven, sondern auch gegenüber unseren normativen Überzeugungen Fallibilisten sind, erschüttert uns dieser Befund keineswegs, er führt uns nicht in eine moralische Krise. Wenn jedoch die Gesamtheit unserer moralischen Überzeugungen simultan in Zweifel stünde, wenn wir – anders gesagt – von einer universellen, aber lokalen Skepsis zu einer radikalen und globalen Skepsis übergingen, dann gerieten wir in der Tat in eine moralische Krise. Was aber sollte eine solche globale Skepsis begründen? Was begründete für Descartes seine globale Skepsis? War es der Zusammenbruch traditioneller Glaubensgewissheiten des aristotelisch-thomasischen Weltbildes im Spätmittelalter, der dafür ausschlaggebend war? Ich bin zu wenig Historiker, um das beurteilen zu können, aber eines scheint mir gewiss: Was immer diese globale Skepsis des Descartes und anderer Intellektueller seiner Zeit verursachte, begründet war sie nicht. Man muss hinzufügen: ein Glück, dass sie nicht begründet war, denn das, was Descartes uns als neues Fundament unseres Wissens anbietet, trägt nicht. Weder das *cogito* noch die Existenz Gottes können die Gewissheiten schaffen, nach denen Descartes suchte. Der philosophische Rationalismus der Neuzeit hat das Descartes'sche Problem in immer neuen Anläufen zu lösen versucht, immer vergeblich. Die Vernunftwahrheiten, auf denen das Gesamt unserer Überzeugungen beruht, die alle unsere Überzeugungen begründen können, gibt es nicht.

Begründung ist immer *relativ* zu dem, auf das sich die jeweilige Begründung stützt. Begründungen sind immer *fallibel*, auch das am besten Begründete kann sich als falsch herausstellen. Begründungen sind möglich, weil es ein Gefälle der subjektiven Gewissheit gibt: Manche Überzeugungen erscheinen uns gewisser denn andere. Begründungen stellen systematische Zusammenhänge her zwischen Überzeugungen, die zuvor unverbunden nebeneinander standen. Dies ist der Ort der *Theorie*. Die Theorie beginnt nicht bei *Axiomen*, sondern sie *bewährt* sich an denjenigen Elementen unseres Überzeugungssystems, die uns gewisser als diejenigen erscheinen, die wir mit Hilfe dieser Theorie begründen wollen. Die Theorie *subsumiert* gewissere und weniger gewisse Überzeugungen unter allgemeinere Regularitäten. Auch die Theorie ist wie jede einzelne der Überzeugungen, die sie systematisiert, fallibel. Fallibel sein heißt nichts anderes, als dass sie in Konflikt geraten kann mit einer überzeugenderen Theorie oder mit einer einzelnen Überzeugung, die wir nicht zugunsten der Theorie aufzugeben bereit sind. Descartes erlebte eine epistemische Krise. Sie war dadurch charakterisiert, dass das Gesamt seiner deskriptiven Überzeugungen einem radikalen, d. h. nicht durch den Konflikt mit anderen Überzeugungen hervorgerufenen Zweifel unterzogen wurde. Descartes glaubte sich auf keine einzige seiner Überzeugungen mehr verlassen zu können. Erfahren die Menschen der modernen, säkularen Gesellschaft eine dieser epistemischen Krise analoge moralische Krise? Unterziehen sie das Gesamt ihrer moralischen Überzeugungen einem radikalen Zweifel? Glauben sie sich auf keine einzige ihrer moralischen Überzeugungen mehr verlassen zu können? Suchen sie wie Descartes verzweifelt nach einem Fundament, von dem aus sich das System ihrer moralischen Überzeugungen neu entwickeln ließe? Nein, nichts davon trifft zu. Menschen haben wie eh und je moralische Überzeugungen, sie sind davon überzeugt, dass sie Verpflichtungen in ihren jeweiligen sozialen Rollen – als Eltern, Lehrer, Vorgesetzte, Mitarbeiter, Kinder und Schüler – haben, dass sie gegebene Versprechen einhalten sollten, dass Verträge zu erfüllen sind, auch wenn keine Sanktionen drohen, dass Hilfsbedürftigen geholfen werden, dass niemand mutwillig beschädigt werden und dass man respektvoll miteinander umgehen sollte ... Die Liste ließe sich endlos fortsetzen. Gegenwärtig erregen sich viele Menschen heftig darüber, dass bestimmte Kürzungen von Sozialleistungen ungerecht seien, Initiativen auf der ganzen Welt engagieren sich gegen Völkermord und Folter, fast alle Menschen sind davon überzeugt, dass es eine Verantwortung gegenüber zukünftigen Generationen gibt und dass sich diese in einer nachhaltigen Umweltpolitik realisieren sollte. Dies alles scheint für eine bemerkenswerte *moralische Vitalität* und nicht für eine umfassende moralische Krise zu sprechen. Eine moralische Krise würde sich darin äußern, dass die Menschen sich ein moralisches Urteil nicht mehr zutrauten, da sie keine ihrer moralischen Empfindungen und Urteile für verlässlich hielten, kurz: Menschen in einer moralischen Krise würden sich moralischer Empfindungen und moralischer Urteile enthalten. Der private und öffentliche Diskurs ist jedoch nicht von moralischer Enthaltsamkeit geprägt, eher vom Gegenteil, wie beispielsweise die Debatte um die Bioethik zeigt. Hier würde ich mir ein etwas höheres Maß an Fallibilismus wünschen, an Bereitschaft, das eigene moralische Urteil in Frage zu stellen, um es angesichts eines völlig neuen Handlungsfeldes, nämlich das der Biotechnologien in Anwendung auf den Menschen, zu überprüfen. Aber auch hier, von moralischer Krise keine Spur. Fast jeder hat ein festes Urteil, selbst zu Fragen, von denen er in ihrer empirischen Komplexität wenig versteht. Die moralische Krise ist eine Chimäre einiger zeitgenössischer Moralphilosophen, zu denen Traditionalisten wie Alasdair MacIntyre, aber auch progressive Denker wie Ernst Tugendhat gehören. Der verbreitete Krisenbefund der Moralphilosophie beruht darauf, dass in der Ethik, anders als etwa in der allgemeinen Wissenschaftstheorie, das rationalistische Ideal einer von einem sicheren Fundament ausgehenden deduktiven Begründung fast unbeschädigt überdauert hat. Der verwirrende Zustand der zeitgenössischen ethischen Theorie mit seiner exotischen Vielfalt an konkurrierenden Theorieentwürfen ist in der Tat Ausdruck einer Krise, aber nicht einer Krise der Moral, sondern einer Krise der ethischen Theorie, die Folge eines rationalistischen und zertistischen Missverständnisses der Begründung moralischer Normen ist.

II. Begründung ohne ‹Intuition›?

Aber ist die Alternative zu einer rationalistischen Ethikbegründung nicht die bloße Beschreibung faktisch etablierter Sittlichkeit oder die bloße Beschreibung dessen, was der jeweilige Autor und seine Leser für richtig halten? Geht nicht in letzter Instanz bei jeder nicht-rationalistischen Ethikbegründung das Entscheidende, nämlich die Normativität, verloren bzw. geht die normative Dimension dann nicht in dem auf, was (in der betreffenden Kultur) jeweils de facto als moralisch geboten oder verboten *gilt*? Verliert die ethische Theorie damit nicht jede kritische Kompetenz? Tugendhat setzt sich von den «vielen heutigen Philosophen, besonders im angelsächsischen Raum [ab], die glauben, die Moralphilosophie habe als Kriterium für die Richtigkeit ihrer Aussagen das faktische moralische Bewusstsein», und fügt hinzu, «eine Moraltheorie wird von diesen Philosophen so weit als richtig angesehen, als sie sich mit den Tatsachen des faktischen moralischen Bewusstseins in Übereinstimmung befindet».[48] Richard Mervyn Hare, Dieter Birnbacher, Bernhard Gert und viele andere zeitgenössische Philosophen teilen diese Auffassung: Entweder es gelingt eine Grundlegung allen moralischen Urteilens, die selbst unabhängig von moralischen Intuitionen ist, oder die Ethik bleibt der bloßen *Faktizität des als moralisch Anerkannten* verhaftet, sie beschreibt dann lediglich die jeweilige moralische Verfasstheit einer Gesellschaft oder gar einer Teilgesellschaft, wie die der Philosophen in westlichen Industriegesellschaften.

Die in der zeitgenössischen Ethik verbreitete Auffassung, dass dies die eigentliche Alternative – rationalistisch begründete Normativität oder lediglich beschriebene Faktizität – sei, hängt wohl damit zusammen, dass die meisten Ethiker sich mit Fragen der Erkenntnistheorie und der allgemeinen Wissenschaftstheorie nicht oder nur am Rande befasst haben. Die in der Ethik verbreiteten Vorstellungen über die Struktur und speziell die Begründungsrelationen von empirischen, z. B. naturwissenschaftlichen Theorien sind oft längst überholt, etwa die Gegenüberstellung von induktiven und deduktiven Theorien oder die Auffassung, dass empirische Daten eine Theorie verifizieren oder falsifizieren würden. In der allgemeinen Wissenschaftstheorie zeichnet sich unterdessen ein sehr viel komplexeres Bild der Begründungsrelationen und der Strukturen naturwissenschaftlicher Theorien ab. Dieses lässt sich durch drei Prädikate charakterisieren: es ist *kohärentistisch*, *holistisch* und *gradualistisch*.[49] Es ist *kohärentistisch*, weil es anerkennt, dass die empirischen Daten nicht lediglich gegeben sind, sondern selbst von theoretischen Vorannahmen und Begrifflichkeiten abhängen. Es gibt eine *Schichtung* von Theorien, die bei sog. phänomenologischen Regularitäten beginnen und bis zu hochabstrakten theoretischen Zusammenhängen reichen, die als *theoretischer Kern* gegen empirische Widerlegungen weitgehend immun sind. Symmetriebedingungen spielen für die Begründungsrelationen ebenso eine Rolle wie phänomenologische Regularitäten. Einzelne Beobachtungsdaten dagegen haben bei weitem nicht die Relevanz, die die ältere empiristische Wissenschaftstheorie angenommen hat. Die Möglichkeit einer Axiomatisierung naturwissenschaftlicher Theorien ist für die Begründungsfrage irrelevant. Auch für die wenigen vollständig axiomatisierbaren naturwissenschaftlichen Theorien gilt, dass die Begründungsrelationen nicht deduktiv von den Axiomen zu den abgeleiteten Theoremen verlaufen. Eine empirische Theorie muss sich *bewähren*, ihre Axiomatisierung erlaubt, ihre logische Struktur deutlicher herauszuarbeiten und z. B. die Zahl der notwendigen Grundbegriffe zu eruieren. Naturwissenschaftliche Theorien werden aber auch nicht lediglich *induktiv* als Verallgemeinerung empirischer Daten begründet. Theorien, die ein höheres Ausmaß an Systematisierung und Reduktion erlauben, gelten als besser begründet als solche, die mit einer Vielzahl von *ad hoc*-Annahmen arbeiten. Naturwissenschaftliche Theorien müssen sich an denjenigen phänomenologischen Regularitäten bewähren, die als gesichert gelten. Wenn eine naturwissenschaftliche Theorie mit einer dieser Regularitäten in Konflikt kommt, dann spricht das in der Regel gegen die Theorie, außer es gelingt, die jeweilige phänomenologische Regularität durch Neufassung der in der empirischen Datenerhebung verwendeten Begrifflichkeit und einer neuen Organisation der Daten zu modifizieren. Bewährte Theorien gehen immer über das hinaus, durch das sie als bewährt gelten, d. h. sie begründen Annahmen in Bereichen, die bisher als ungeklärt galten. Und schließlich: *Naturwissenschaftliche Theorien geraten nicht in Konflikt mit unserem lebensweltlichen Orientierungswissen*, also denjenigen deskriptiven wie normativen Überzeugungen, die unser Handeln und Urteilen im Alltag prägen. Dieser Sachverhalt lässt sich auch *ex negativo* klar machen: Auch diejenige Person, die über keinerlei naturwissenschaftliche Kenntnisse verfügt, kann sich im Alltag gut orientieren. Die Physik erlaubt es, einige unserer lebensweltlichen Überzeugungen (auch solche, die phänomenologische Regularitäten betreffen) in einen systematischen Zusammenhang zu stellen, aber sie widerlegt keine dieser lebensweltlichen Überzeugungen, nicht einmal die, dass die Sonne morgens auf- und abends untergeht. Auch diese phänomenologische Regularität ist kompatibel mit der modernen Kosmologie.

Machen wir es noch etwas konkreter: Ein Physiker des 17. Jahrhunderts beobachtet, dass die Dinge unterschiedlich schnell zu Boden fallen. Um diese Regularität festzustellen, bedarf er keiner physikalischen Theorie. Er versucht nun einen allgemeinen Zusammenhang herzustellen, etwa dergestalt, dass die Geschwindigkeit, mit der ein Gegenstand, der von einer gegebenen Höhe fallen gelassen wird, auf den Boden auftrifft, proportional zu seinem Gewicht ist. Da er nicht genau misst und nur wenige Versuchsreihen macht, hält er diese Theorie für bestätigt und kann nun für beliebige Gegenstände, auch solche, mit denen er noch keinen Versuch gemacht hat, prognostizieren, mit welcher Geschwindigkeit sie jeweils auftreffen. Einige Jahrzehnte später kommt dann ein anderer Physiker auf die Idee, den gleichen Versuch in einem Vakuumrohr zu machen, und stellt zu seiner Überraschung fest, dass alle Gegenstände unabhängig von ihrem Gewicht mit der gleichen Geschwindigkeit auftreffen. Er stellt die Vermutung an, dass die unterschiedlichen Geschwindigkeiten in der alten Versuchsreihe mit der Luftreibung in Zusammenhang stehen, und entwickelt daraus eine neue Theorie, nach der das Verhältnis von Reibungskraft und Gewicht ausschlaggebend dafür ist, mit welcher Geschwindigkeit die fallenden Gegenstände auftreffen. Diese Theorie ist besser als die alte. Dass alle Körper gleich beschleunigt werden, wenn sie sich im gleichen Gravitationsfeld bewegen, vorausgesetzt die Reibung spielt keine Rolle, geht nun schon weit ab von der lebensweltlichen Erfahrung mit fallenden Gegenständen. Dass die Feder gleich schnell fällt wie das Bleikügelchen, vorausgesetzt die Luftreibung wird ausgeschlossen, ist kontraintuitiv. Dieses kontraintuitive Ergebnis wurde aber gewonnen, *ohne dass es zu einem Konflikt mit lebensweltlichen deskriptiven Überzeugungen* kam. Auch die neue Versuchsanordnung des Vakuumrohrs setzt voraus, dass man sich auf seine Sinne verlassen kann; dass das, was man beobachtet, keine Halluzination ist, dass das Rohr sich nicht heimlich mit Luft füllt, sobald man sein Gesicht abwendet etc.

Je abstrakter die physikalische Theorie, desto weniger anschaulich ist sie, und desto schwieriger wird es mit unseren aus der Lebenswelt vertrauten deskriptiven Überzeugungen, diese zu verstehen. Hier stehen sich aber nicht zwei Welten gegenüber, sondern es gibt einen kontinuierlichen oder graduellen Zusammenhang, den man vielleicht folgendermaßen beschreiben kann: Das lebensweltlich Vertraute wird in einen neuen Interpretationszusammenhang gestellt, in dem es lediglich einen Spezialfall darstellt. Das lebensweltlich Vertraute bleibt aber unverzichtbar für die naturwissenschaftliche Begründung, weil auch die innerwissenschaftliche Verständigung von seinem Fortbestand abhängt. Ich persönlich gehe noch einen Schritt weiter und meine, dass die Rolle der Lebenswelt in den wissenschaftlichen Begründungsspielen letztlich erst deren Realitätsgehalt sichert. Ich weiß aber, dass eine wichtige Strömung der allgemeinen Wissenschaftstheorie glaubt, sich mit dem Instrumentalismus vor einem solchen Zusammenhang schützen zu müssen. Die Details sind für unser Argument hier nicht wesentlich. Wichtig ist nur festzuhalten, dass es nicht die physikalische Theorie ist, die unsere lebensweltlichen empirischen Überzeugungen erst «validiert». Diese Überzeugungen gab es vor aller Theorie, und die allermeisten dieser Überzeugungen, nämlich gerade solche, die für den alltäglichen Lebensvollzug unverzichtbar sind, sind von der physikalischen Theorie ganz unabhängig. Wir warten nicht in kartesischer Manier darauf, dass die Wissenschaft uns sagt, ob, und wenn ja, welche Gegenstände uns umgeben, in welchen Wechselverhältnissen sie zueinander stehen und wie wir auf sie einwirken können. Nein, die Wissenschaft hat genau dort ihren Ausgangspunkt: im lebensweltlichen Orientierungswissen. Es gibt keinen archimedischen Punkt außerhalb der etablierten Begründungsspiele und Überzeugungssysteme, von dem aus wir beides, die Modi des Begründens und ihre Ergebnisse, in Form begründeter Überzeugungssysteme ab ovo neu konstruieren könnten.

Heißt dies, dass der frühneuzeitliche oder gar der zeitgenössische Physiker nichts anderes tut, als unsere schon vorgegebenen empirischen Überzeugungssysteme zu beschreiben? Dass er sich darauf beschränkt, das, was wir schon immer zu wissen meinten, in anderen *termini* darzustellen? Keineswegs, die Physik ermöglicht neue Erkenntnisse. Diese neuen Erkenntnisse kommen aber nicht dadurch zustande, dass ihnen ein großes Zerstörungswerk dessen vorausgeht, was unsere Lebenswelt epistemisch bestimmt; diese neue Erkenntnis kommt auch nicht durch die Entdeckung eines Prinzips zustande, aus dem dann das Gesamt unseres physikalischen Wissens ableitbar wäre. Prinzipien oder Gesetze spielen eine wichtige Rolle für die Naturwissenschaft, aber sie haben einen anderen Status. Sie ersetzen nicht unser vortheoretisches Wissen, sondern sie knüpfen an dieses vortheoretische Wissen an, systematisieren es und sind, sofern sie dies erfolgreich tun, geeignet, auch in den Bereichen Überzeugungen zu begründen, die uns bislang epistemisch unzugänglich waren. Der Physiker beschreibt nicht unsere vorgängigen empirischen Überzeugungen, sondern er geht von denjenigen Sachverhalten aus, von denen wir lebensweltlich überzeugt sind, versucht diese in einen systematischen, d.h. gesetzmäßigen Zusammenhang zu bringen, und da diese Gesetze in ihrer Anwendung über das lebensweltlich Vertraute hinausreichen, lassen sich Überzeugungen in epistemisch bislang unzugänglichen Bereichen begründen. Die jeweiligen Methoden, die zu solchen Systematisierungen führen, sind von Disziplin zu Disziplin unterschiedlich, die Details der Begründungsspiele variieren, aber das hier umrissene Bild von Theorie und Lebenswelt, die kohärentistische, holistische und gradualistische Weise, in der wissenschaftliche Behauptungen begründet werden, bleibt für alle Disziplinen und Anwendungsbereiche wissenschaftlicher Theorie das Angemessene. Die rationalistischen und empiristischen Konkurrenten Wittgensteins haben einen Teil dieses Bildes für das Ganze genommen, haben die Rolle empirischer Daten für phänomenologische Theorien verallgemeinert (im Falle des Empirismus) oder die Methode der Systematisierung und die durch Systematisierung möglichen deduktiven Beziehungen für das Ganze des Begründens gehalten. Die Konkurrenz von Empirismus und Rationalismus wird im kohärentistischen, holistischen und gradualistischen Verständnis im besten Sinne aufgehoben, beide Konzeptionen haben ihren Stellenwert im Rahmen dieser umfassenderen Konzeption. Diese Konzeption ist keine Theorie zweiter Ordnung, die die faktischen Begründungsspiele wissenschaftlicher Disziplinen erst validiert. Es ist die vorsichtige Umschreibung dessen, was in wissenschaftlichen Begründungen tatsächlich passiert. Die wissenschaftliche Praxis bedarf in der Regel nicht der Wissenschaftstheorie, um zu prüfen, ob das, was die Disziplin ausmacht, die Art und Weise, wie jeweils für und wider eine wissenschaftliche Behauptung argumentiert wird, angemessen ist.[50]

Warum sollte dies alles nicht mehr gelten, sobald es statt um deskriptive um normative Überzeugungen geht? Nun, Tugendhat hat darauf folgende Antwort: Aussage-Begründung und Norm-Begründung seien eben zwei ganz verschiedene Dinge. Schieben wir diese Frage noch einen Moment auf. Nehmen wir einmal an, dass sich *normative* Überzeugungen und *deskriptive* Überzeugungen im Großen und Ganzen in der gleichen Weise *begründen* lassen, und zwar in der kohärentistischen, holistischen und gradualistischen Weise, die oben skizziert wurde. Die ethische Theorie würde dann – wie die physikalische Theorie – nicht dazu dienen können, das, was wir für richtig, und das, was wir für falsch halten, das, von dessen Existenz wir überzeugt sind, *erst zu konstruieren*. Die ethische Theorie würde wie die physikalische Theorie ihren Ausgangspunkt in denjenigen Überzeugungen nehmen, die für sie relevant sind. Wir würden diese Überzeugungen damit nicht neu beschreiben, sondern in die Theoriebildung einbringen, wir würden von ihnen ausgehen, bis wir Grund haben, sie in Zweifel zu ziehen – es mag sein, dass die Theoriebildung selbst dafür Gründe liefert. Wir würden nicht in kartesischer Manier an den Beginn der ethischen Klärung die radikale Skepsis stellen, sondern bestenfalls die lokale. Es ist der lokale Zweifel, der uns motiviert, systematische Zusammenhänge herzustellen, um diesen Zweifel zu beheben. Der radikale Zweifel ist kein möglicher Ausgangspunkt der Theoriebildung, weder der physikalischen noch der ethischen.

Je umfassender der Bereich normativen Urteilens wäre, der von einer ethischen Theorie erfasst wird, und je systematischer die Theorie aufgebaut wäre, desto größer würde das Vertrauen sein, das wir in sie setzten. Viele haben erst dann – trotz aller vermeintlich kontraintuitiven Resultate – der speziellen Relativitätstheorie vertraut, als sich herausstellte, dass sie es erlaubt, auf den Magnetismus in toto zu verzichten, da die magnetische Wechselwirkung als relativistischer Effekt elektrostatischer Gesetzmäßigkeiten rekonstruiert werden kann. Da geht es nicht um die Erklärung neuer Phänomene, sondern um einen gewaltigen *Zuwachs an Kohärenz* der physikalischen Theoriebildung, die dieses Vertrauen begründet. Warum sollte dies bei ethischen Theorien so grundstürzend anders sein? Auch dort werden wir einem Prinzip desto mehr vertrauen, je umfassender es diejenigen moralischen Überzeugungen in einen systematischen Zusammenhang bringt, die wir nicht zweifelhaft finden, für die wir keine Theorie benötigen, um sie aufrechtzuerhalten. Die ethische Theorie beschreibt damit nicht das faktische Moralbewusstsein, sondern bestenfalls knüpft es an dieses an. Besser: Die ethische Theorie nimmt zunächst diejenigen moralischen Sachverhalte als gegeben an, von denen wir fest überzeugt sind, an denen zu zweifeln wir keinen Grund haben. Wir haben keinen Grund, simultan an allen unseren moralischen Überzeugungen zu zweifeln. Dies wäre in der Tat die moralische Krise, von der Tugendhat und viele andere zeitgenössische Ethiker vermuten, dass sie uns alle erfasst habe. Da wir uns aber nicht in einer moralischen Krise befinden, sondern uns vieler unserer moralischen Überzeugungen gewiss sind, beginnt das moralische Begründen dort. Alles Begründen hat nicht nur ein Ende, sondern auch einen Anfang, und dieser liegt in denjenigen normativen Überzeugungen, die wir für gewiss halten. Das, was wir für gewiss halten, äußert sich in der lebensweltlichen Praxis der Interaktionen und der Verständigung. Wir wären keine zuverlässigen Interaktionspartner, wenn wir nicht mit den anderen zentrale normative Überzeugungen teilten. Hier gibt es in der Tat so etwas, was John Rawls als *overlapping consensus*, allerdings bei ihm bezogen auf die Gerechtigkeitsfrage, bezeichnet hat. Ohne den *overlapping consensus* gibt es keine Verständigung und keine stabilen sozialen Beziehungen, die Begriffe der Wahrhaftigkeit, des Vertrauens und der Verlässlichkeit wären leer, und wir könnten das Unternehmen der wissenschaftlichen wie auch der ethischen Begründung gar nicht beginnen.

III. Interessen als Grundlage?

Die meisten zeitgenössischen Ethiker sind der Auffassung, dass es die je individuellen Interessen sind, die den notwendigen moralischen Konsens stiften. Tugendhat ist ein prononcierter Vertreter dieser Auffassung. Für ihn heißt eine Norm begründen, deutlich zu machen, dass sie gleichermaßen im Interesse aller ist. Wie andere, etwa John Rawls, stellt Tugendhat dabei eine enge Verbindung zwischen ethischer Begründung einerseits und moralischer Motivation andererseits her. Diese Verbindung wird über den Begriff des individuellen Interesses geknüpft. Eine Person ist motiviert, einer Norm zu folgen, wenn es in ihrem eigenen Interesse ist, dass diese Norm gilt. Die Verknüpfung von ethischer Begründung und moralischer Motivation ist einfach: Die Befolgung einer Norm ist gegenüber einer Person begründet, wenn ihr deutlich gemacht wurde, dass es in ihrem eigenen Interesse ist, diese Norm zu befolgen. Dass dieses schlichte Konzept, das dem entspricht, was Tugendhat in den *Vorlesungen über Ethik* als «Kontraktualismus» bezeichnet hat, nicht aufgeht, ist Tugendhat natürlich bewusst.[51] Dies war ja einer der Gründe für seine Distanzierung von seinem Konzept der *Drei Vorlesungen*.[52] Dennoch kehrt er nun seit dem *Dialog in Letitia* zu diesem Ausgangspunkt zurück, um ihn dann so zu modifizieren, dass unter Einbeziehung moralischer Gefühle eine «moderne» Moralbegründung möglich wird.[53] Der moralisch angemessene Umgang mit Tieren, aber auch mit denjenigen, die nicht kooperationsfähig sind, weil sie zu jung, zu alt oder schwachsinnig sind, muss in einem solchen Verständnis von Ethikbegründung ausgeklammert bleiben. Tugendhats Ethik-Konzeption ist im doppelten Sinne rationalistisch: erkenntnistheoretisch in der Ableitung aller moralischer Normen aus einem als evident angenommenen Prinzip und inhaltlich, indem Begründung in letzter Instanz auf das Eigeninteresse rationaler Individuen rekurriert.

Ich teile mit Tugendhat die Auffassung, dass individuelle Interessen eine wichtige Rolle für eine angemessene Moralbegründung spielen. Die Vermengung von moralischer Motivation und ethischer Begründung über den Begriff des Eigeninteresses halte ich jedoch für einen Irrweg. Die Frage, ob ich eine Norm begründen kann, ist eine ganz andere als die, ob es in meinem eigenen Interesse liegt, dieser Norm zu folgen. Dies sind kategorial verschiedene Fragestellungen. Die Tatsache, dass es sich hier um kategorial verschiedene Fragestellungen handelt, schließt keineswegs aus, dass bestimmte Normen sich gerade dadurch begründen lassen, dass sie im gleichmäßigen Interesse aller sind. Die Tatsache, dass wir alle ein Interesse daran haben, dass das Tötungsverbot moralisch und juridisch etabliert ist und moralisch und juridisch streng sanktioniert wird, ist eine gute Begründung des Tötungsverbotes. Eine Gesellschaft ist in einer besseren Verfassung, wenn dieses Tötungsverbot etabliert ist, als wenn das nicht der Fall ist. Dies begründet die entsprechende moralische und juridische Norm. Sollte ich der Glückliche sein, der so stark ist, dass er eine Tötung durch die anderen Mitglieder der moralischen Gemeinschaft nicht befürchten müsste, während alle übrigen Mitglieder der moralischen Gemeinschaft zumindest einer Koalition der Schwachen zutrauen, dass sie das eigene Leben bedrohen könnte, so wäre für mich im Gegensatz zu allen übrigen Mitgliedern der moralischen Gemeinschaft das Tötungsverbot nicht mehr begründet, wenn man den Begründungsbegriff des frühen wie des späten Tugendhat zugrunde legt. Dies ist in hohem Maße kontra-intuitiv, dies widerspricht dem, was wir üblicherweise unter einer ethischen Begründung verstehen. Das Tötungsverbot bleibt auch für mich, den extrem Starken, begründet, weil es der moralischen Gemeinschaft insgesamt ein besseres Leben ermöglicht. Ich bin hinreichend rational in meinem moralischen Urteil, um diesen Zusammenhang zwischen dem Wohlergehen der Mitglieder der moralischen Gemeinschaft, der ich angehöre, und der betreffenden Norm als eine angemessene Begründung zu begreifen.

Eine Norm ist schon dann, aber nicht nur dann begründet, wenn sie niemandem schadet, aber einigen nützt. Eine vernünftige Person akzeptiert das Kriterium der Pareto-Inklusivität: Wann immer sich eine Besserstellung einiger erreichen lässt, ohne die Schlechterstellung anderer nach sich zu ziehen, sollte dies realisiert werden. Wenn einzelne Normen dazu beitragen, dann sind diese Normen begründet. *Pareto-Inklusivität* ist eine *Minimalbedingung* rationaler ethischer Urteile. Gerechtigkeit verlangt mehr als Pareto-Inklusivität, die ihrerseits lediglich Neidfreiheit voraussetzt. Es gibt gute Gründe, das Kriterium der Verteilungsgerechtigkeit von der jeweiligen Leistung und der Leistungsfähigkeit einer Person sowie von ihrer Bedürftigkeit abhängig zu machen. Muss es nicht möglich sein, dass jemand, der leistungslos Vermögen, z. B. durch Erbschaft, besitzt, zu der Auffassung kommt, dass dies ungerecht sei? Es gibt ganz unterschiedliche Typen von Argumenten dafür, dass etwa eine Verteilung gerecht oder ungerecht ist, aber es gehört zu den minimalen Rationalitätsstandards moralischer Urteilsbildung, dass die eigene Interessenlage keine konstitutive Rolle dafür spielt, was einer Person als gerecht oder ungerecht gilt. Wir wissen alle, dass die eigenen Interessenlagen häufig das moralische Urteil beeinflussen, es dann irrational entstellen, dies spricht dagegen, nicht dafür, die eigene Interessenlage zum ausschlaggebenden, ja konstitutiven Element ethischer Begründung zu machen. Es können nicht meine eigenen Interessen sein, die in letzter Instanz bestimmen, was mir gegenüber moralisch begründbar ist. Viele Menschen sind durchaus in der Lage, sich für eine Besteuerung von Einkommen und Vermögen auszusprechen, weil sie die Besteuerung für wohl begründet halten, selbst wenn diese für sie persönlich zusätzliche steuerliche Belastungen mit sich bringt. Dieses Maß an moralischer Urteilsrationalität, dessen weite Verbreitung sich alle paar Monate an den Wahlurnen bestätigt, sollte von der ethischen Theorie nicht unterschritten werden. Die Fähigkeit, einen unparteiischen Standpunkt einzunehmen, also auch solche moralischen Normen für begründet zu halten, deren allgemeine Befolgung nicht in meinem eigenen Interesse ist, weil ich zu denjenigen gehöre, die von der realisierten Ungerechtigkeit besonders profitieren, ist ein konstitutives Element rationaler moralischer Beurteilung, das sich in der ethischen Theorie niederschlagen muss, wenn diese adäquat bleiben soll.

Dieser zentrale Irrtum der Tugendhat'schen Konzeption ethischer Begründung (die Tugendhat mit allen im engeren Sinne kontraktualistischen Theorien wie derjenigen von David Gauthier oder von Bernard Gert gemeinsam hat) wird leicht durch den zugleich vertretenen Egalitarismus verdeckt:[54] Wenn die eine Person gegenüber der anderen Person einen größeren Vorteil aus der betreffenden moralischen Norm zieht, dann sei diese moralische Norm eben nicht *gleichermaßen* begründet. Tugendhat scheint nicht zu bemerken, dass dieser Egalitarismus allein auf der Basis einer ethischen Begründung über interessenbasierte moralische Motivation nicht zu haben ist. Der Egalitarismus Tugendhats bringt einen *zusätzlichen normativen Gesichtspunkt* in die ethische Begründung ein. Das jeweilige Eigeninteresse als Begründungsinstanz bietet – entgegen Tugendhat – für diesen

Egalitarismus kein Fundament. Auch die benachteiligte Person kann nur ein Eigeninteresse daran haben, dass die betreffende moralische Norm etabliert und befolgt wird. Die Norm, dass in Zukunft im Gegensatz zur bisherigen Praxis nur bei schweren Vergehen auf den Plantagen die Sklaven ausgepeitscht werden können, mag sowohl im Interesse des Sklavenhalters sein, da er von nun an zufriedenere und arbeitswilligere Sklaven besitzt, als auch im Interesse seiner Sklaven. Das ändert nichts daran, dass diese Norm ungerecht ist. Aus diesen und ähnlichen Überlegungen heraus sind Kontraktualisten dazu übergegangen, die Situation der Zustimmung in kontrafaktischer Weise zu spezifizieren, das heißt die ethische Begründung einer Norm davon abhängig zu machen, dass Personen unter bestimmten, nicht wirklich realisierten Bedingungen zustimmen würden. So sorgt bei Rawls der *Schleier des Nichtwissens*, der immerhin sogar die Kenntnis des eigenen Geschlechts ausschließt, in der *original position*, in der über die Gerechtigkeitsprinzipien entschieden wird, für die Fairness dieser Prinzipien. Die *Bindungswirkung* dieser fiktiven Entscheidung in einer kontrafaktischen Situation für die realen Bürgerinnen und Bürger eines politischen Gemeinwesens ergibt sich nicht aufgrund ihrer *tatsächlichen* Interessenlagen, sondern nur hinsichtlich ihrer *fiktiven*, in denen sie sich de facto nicht befinden, in die sie sich aber als kompetente und rationale Moralbeurteiler hineinversetzen können. Wenn ich z. B. eine Verfassung hinsichtlich ihrer Gerechtigkeit prüfe, so habe ich zu vergessen, welchen Interessenstandpunkt ich tatsächlich einnehme, und muss von allem abstrahieren, was meine spezifischen Stärken und Schwächen, Fähigkeiten und Leistungen angeht. Die Interessenlage der fiktiven Parteien im Urzustand ist deswegen relevant, weil der kompetente Moralbeurteiler versucht, sich einem solchen unparteiischen Standpunkt anzunähern, den die Parteien im Urzustand qua kontrafaktischer Informationslage gezwungen sind einzunehmen. Unparteilichkeit ist damit ein normativer *Input* der Theorie und nicht, wie bei Tugendhat, Korrolar einer über eigene Interessen motivationstheoretisch begründeten Ethik.

IV. Moralische Motivation und Gründe

Ich muss gestehen, dass ich über viele Jahre hinweg nicht verstanden habe, worin das philosophische Problem der moralischen Motivation eigentlich bestehen soll. Wenn ich gute Gründe habe, etwas zu glauben, dann glaube ich es, und wenn ich gute Gründe habe, etwas zu tun, dann tue ich es. Gibt es da irgendein Hindernis zu überwinden, das eines spezifischen Antriebes bedarf? Die ethisch und rationalitätstheoretisch relevante Frage ist die nach den guten Gründen. Wenn wir wissen, was gute Gründe sind, von etwas überzeugt zu sein oder etwas zu tun, dann haben wir die beiden zentralen Probleme der Philosophie gelöst, das *erkenntnistheoretische* und das *ethische*. Für die Probleme, die viele zeitgenössische Ethiker mit moralischer Motivation haben, ist eine rationalitätstheoretische bzw. eine anthropologische Prämisse ausschlaggebend, nämlich, dass Menschen in der Regel das tun, was ihren Interessen entspricht. *Rationalitätstheoretisch* ist diese Prämisse, wenn man sie so interpretiert, dass es rational sei, ausschließlich seinen eigenen Interessen zu folgen. *Anthropologisch* ist sie, wenn man sie als einen empirischen Befund interpretiert, dass Menschen (und möglicherweise Angehörige anderer Spezies ebenso) de facto ihren Interessen folgen. In beiden Interpretationen – der rationalitätstheoretischen und der anthropologischen – entsteht für die Moraltheorie ein Problem. Denn entweder es lässt sich zeigen, dass es im eigenen Interesse ist, moralisch zu handeln, dann erscheint die moralische Norm weitgehend überflüssig (abgesehen von einer bloßen Koordinierungsfunktion), oder die moralischen Regeln verlangen ein Verhalten, das nicht im eigenen Interesse ist, dann muss begründet werden, wie es möglich (in der anthropologischen Lesart) oder rational (in der rationalitätstheoretischen Lesart) sein kann, moralisch zu handeln.

Das philosophische Problem der moralischen Motivation entsteht durch eine spezifische Theorie der Begründung, nämlich die, dass ethische Begründung im Nachweis bestehen müsse, dass moralisches Handeln im eigenen Interesse sei. Genauer, dass die Begründung der Befolgung einer Norm gegenüber einer Person darin besteht, zu zeigen, dass es für diese Person im eigenen Interesse ist, die betreffende Norm zu befolgen. Eine moralisch gebotene Handlung ist gegenüber einer Person begründet, wenn gezeigt wird, dass diese Handlung im eigenen Interesse der Person ist. Davon ausgehend lassen sich moralische Normen *gegenüber einer Person* dann begründen, wenn sich zeigen lässt, dass diese Person ein Interesse daran hat, dass diese Norm etabliert ist. Eine Norm lässt sich *allgemein* begründen, wenn gegenüber jeder Person (zunächst einer moralischen Gemeinschaft, dann der Menschheit) gezeigt werden kann, dass es in ihrem Interesse ist, dass diese Norm etabliert ist. Die Tatsache, dass eine Norm etabliert ist, äußert sich darin, dass Abweichungen von dieser Norm sanktioniert werden – *in foro externo* und/oder *in foro interno*, also durch extern auferlegte Sanktionen bzw. durch moralische Schuldgefühle. Die externen Sanktionen können ihrerseits in materiellen Nachteilen bestehen, wie etwa im Zivil- und Strafrecht, oder in moralischem Tadel bis hin zu Verachtung und Ausgrenzung durch die anderen Mitglieder der moralischen Gemeinschaft. In dieser Sichtweise zeigt sich allerdings ein Anschlussproblem, nämlich dass das Interesse einer Person an der Etablierung einer Norm nicht notwendigerweise impliziert, dass diese Person auch ein Interesse daran hat, diese Norm jeweils zu befolgen. Die Entscheidungsstruktur ist die eines n-Personen Prisoner's-Dilemmas, in dem die jeweilige Einzelperson am besten fährt, wenn sich die übrigen immer an die betreffende Regel halten und sie selbst fallweise von ihr abweichen kann, nämlich dann, wenn es in ihrem eigenen Interesse ist. Diese Begründungslücke zwischen

(1) die Etablierung einer Norm ist im Interesse einer Person und
(2) die je eigene Befolgung dieser Norm ist im Interesse einer Person

kann wiederum durch moralische Gefühle geschlossen werden, die dafür sorgen, dass auch im Einzelfall die Abweichung *in foro interno* sanktioniert ist. Oder man kann normkonformes Verhalten durch die vollständige soziale Kontrolle – die externen Sanktionen – sicherstellen, wie Tugendhat im letzten Teil des *Dialoges in Letitia* vorschlägt (für Schwarzfahren, Korruption etc.).

Eine rationale Person, die gute Gründe dafür hat, dass ein Sachverhalt zutrifft, bildet die Überzeugung aus, dass dieser zutrifft. Eine rationale Person, die gute Gründe dafür hat, dass eine bestimmte Handlungsweise richtig ist, handelt entsprechend. Das Spezifikum normativer

Überzeugungen ist, dass sie einen guten Grund beinhalten können, etwas zu tun. Nicht jede normative Überzeugung ist von Relevanz für meine eigene Praxis. Ja, manche normativen Überzeugungen sind weder für die eigene Praxis noch für die Praxis anderer Personen relevant. Dies allein schon spricht dagegen, normative Überzeugungen als Ausdruck von Handlungsdispositionen zu interpretieren. Normative Überzeugungen werden begründet wie andere Überzeugungen auch. Ihre Handlungsrelevanz besteht nicht darin, dass sie die Interessenlage verändern, sondern dass sie gute Gründe liefern, etwas zu tun oder zu unterlassen. Diese Auffassung scheint mir schon deswegen plausibel zu sein, weil sie der Praxis entspricht, die in unserer lebensweltlichen moralischen Interaktion etabliert ist. Jemand, der eine moralische Überzeugung äußert und in einer Weise handelt, die dieser Überzeugung widerspricht, muss sich rechtfertigen. Wenn er dagegen eine moralische Überzeugung hat und so handelt, dass dies nicht als Widerspruch zu dieser moralischen Überzeugung empfunden wird, so muss er sich für sein Handeln nicht rechtfertigen (möglicherweise für seine moralische Überzeugung). Dies spricht für eine enge Verknüpfung von moralischen Überzeugungen und Handlungserwartungen.

Normative Überzeugungen werden begründet wie alle Überzeugungen, indem auf andere Überzeugungen Bezug genommen wird. Symmetrieannahmen, Verallgemeinerungen, deduktive, induktive und reduktive Argumente spielen dabei eine Rolle. Die Literatur in den Bereichsethiken bietet dafür vielfältiges Anschauungsmaterial. Ethische Begründung ist also nichts Besonderes. Die Tatsache, dass aus normativen Überzeugungen häufig Handlungsmotivationen und Handlungserwartungen hervorgehen, zeigt lediglich, dass normative Überzeugungen auch praktische Gründe bestimmen. Theoretische Gründe sind Gründe, etwas zu glauben, und praktische Gründe sind Gründe, etwas zu tun. Die Begründung normativer Überzeugungen ist jedoch eine ganz gewöhnliche Begründung. Die Reichweite der theoretischen Vernunft in der Ethik ist groß.[55] Nicht alle normativen Überzeugungen sind moralischer Natur. Wenn ich bestimmte persönliche Wünsche habe oder in einem Leben Bindungen eingegangen bin, wenn ich Entscheidungen getroffen habe, deren Ausführung noch bevorsteht etc., so habe ich Grund, in der einen oder anderen Weise zu handeln, meine Wünsche zu erfüllen, den Bindungen gerecht zu werden, die Entscheidungen zu realisieren. Gründe dieser Art sind ebenso wie moralische Gründe praktischer Natur, d.h. sie können mein Handeln bestimmen. Eine rationale Person, die einen guten Grund hat, etwas zu tun, tut dies – unabhängig davon, ob diese Gründe moralischer oder außermoralischer Natur sind. Ja noch mehr, jede Handlung ist begründet, sonst wäre es keine Handlung, sondern bloßes Verhalten. Dies äußert sich darin, dass ich, befragt, sagen kann, warum ich mich so und nicht anders verhalten habe, wenn dieses Verhalten Handlungscharakter hat. Das Handeln einer (rationalen) Person wird durch die von ihr jeweils akzeptierten normativen Gründe gesteuert. Es gibt keine Handlung ohne normativen Grund. Ein ganzes Geflecht dessen, was ich konative Einstellungen nenne – also Wünsche und Hoffnungen, eigene Werte und akzeptierte Regeln des Verhaltens –, geht in diese Gründe ein, d.h. genauer: Im Prozess des praktischen Deliberierens, also des Abwägens praktischer Gründe, sind meine eigenen konativen Einstellungen relevant.

An dieser Stelle ist es sinnvoll, den Begriff des Interesses ins Spiel zu bringen. Ein zentraler Bereich des moralischen Urteilens ist darauf gerichtet, einen angemessenen Umgang mit fremden Interessen zu garantieren. Dazu gehört die Anerkennung der autonomen Lebensgestaltung erwachsener Personen. Wir respektieren andere in ihren Entscheidungen und ihren Wertungen so, wie wir erwarten, dass andere uns in unseren Entscheidungen und Wertungen respektieren. Dieser *autonomistische Kern moderner Moral* rekurriert auf Interessen, aber konsequenterweise nur als Stellvertreter. Es sind letztlich nicht die Interessen anderer Personen, die ausschlaggebend dafür sind, in welcher Weise ich mich gegenüber dieser Person verhalten darf, sondern ihre geäußerten Präferenzen (im Sinne des *revealed preferences*-Konzeptes, wonach auch Handlungen nichts anderes sind als Äußerungsformen von Präferenzen, zusammen mit subjektiven Wahrscheinlichkeiten). Es entspräche einem paternalistischen Moralverständnis, wenn es die Interessen wären, die mein Handeln gegenüber anderen Personen in letzter Instanz bestimmen sollen. Ich bin dann derjenige, der darüber entscheiden müsste, was für diese Person gut ist. Nein, es ist die Person selbst, die darüber eigenverantwortlich und autonom bestimmt. Ihre geäußerten Präferenzen sind dafür ausschlaggebend, was ich ihr gegenüber tun darf oder unterlassen muss. Wenn diese Beurteilungsinstanz jedoch fehlt, wenn ich die Präferenzen der betreffenden Person nicht kenne, dann bleibt mir gar nichts übrig, als Vermutungen über ihre Interessen anzustellen und, da ich von ihr in gleicher Weise erwarte, dass sie rational ist, zu hoffen, dass ihre Präferenzen ihre Interessen berücksichtigen. Damit wird natürlich nicht zugleich behauptet, dass die jeweils geäußerten Präferenzen oder vermuteten Interessen einer Person schon die Grenzen der Interventionserlaubnis moralisch bestimmen. Manche Interessen (auch geäußerte Präferenzen) sind illegitim, und sie müssen nicht berücksichtigt werden. Andere sind legitim, aber sie kollidieren mit Interessen anderer und erfordern daher eine Abwägung. Es ist besonders dieses Erfordernis moralischer Abwägung zwischen Interessen, das den Interessenbegriff so unverzichtbar für die Ethik macht. Man muss sich dabei allerdings bewusst bleiben, dass die Zuschreibung von Interessen an Personen begrifflich und epistemisch keineswegs unproblematisch ist. Manche konativen Einstellungen, die eine Person hat, bestimmen, was in ihrem eigenen Interesse ist, andere sind eher Ausdruck dessen, was sie (z. B. moralisch) wertschätzt. Um hier keine *petitio* zu begehen, kann das, was sie moralisch wertschätzt, ihr nicht selbst als Interesse zugeschrieben werden.[56] Aber auch unabhängig von dieser spezifisch moraltheoretischen Problematik der Zirkularität von Interessenzuschreibung über moralische Kriterien stellt sich die Frage, welche der konativen Einstellungen einer Person ihr zugleich als ein Interesse zugeschrieben werden können. Nehmen wir an, Gabriele spendet einen Gutteil ihres Vermögens für den Bau eines Waisenhauses in Indien. Es ist dann zweifellos in ihrem Interesse, dass dieser Bau zügig voranschreitet und dass ihre Gelder sinnvoll verwendet werden. Ist aber auch die Spende selbst in ihrem Interesse? «Natürlich, sie hat eben entsprechende moralische Überzeugungen, die es nahe legen, diese Spende als etwas, das in ihrem Interesse ist, zu bezeichnen.» Andere werden erwidern, dass damit der Interessenbegriff vollständig aufgeweicht und nicht mehr trennscharf verwendbar ist. Es mag zwar sein, dass Gabriele diese Spende in der Hoffnung gegeben hat, als respektierte Bürgerin in Indien Anerkennung zu finden oder sich endlich einen Lebensinhalt zu geben, nachdem die Kinder aus dem Hause sind und der Ehemann gestorben ist. Es muss aber nicht so sein. Es ist durchaus möglich, dass sich Gabriele ganz überwiegend aus moralischen Gründen zu dieser Spende entschlossen hat. Einem engeren und, wie mir scheint, sinnvolleren Interessenbegriff folgend, wäre diese Spende dann nicht in ihrem Interesse, sondern wäre Ausdruck dieser moralischen Überzeugung.

Nur ein Teil der konativen Einstellungen einer Person eignet sich dazu, Interessen zu bestimmen, nämlich solche Wünsche und Hoffnungen, die sich auf das eigene Wohlergehen beziehen. Vieles, was wir in unserem Leben tun, ist aber nicht auf das eigene Wohlergehen gerichtet, und zwar nicht nur dann, wenn moralische Motive ausschlaggebend sind. Viele von uns wollen ihre jeweilige Arbeit, die sie sich als Beruf gewählt haben, gut machen. Manche von ihnen mögen deswegen diesen Wunsch haben, weil sie sich Karrierevorteile erhoffen. Andere, und das sind die meisten, wollen auch unabhängig von Karriereerwartungen ihre Arbeit gut machen. Dies muss nicht als ein moralisches Motiv interpretiert werden. Möglicherweise ist sich die Person dessen bewusst, dass es aus einer unpersönlichen Perspektive keinen großen Unterschied ausmacht, ob sie ihre Arbeit gut macht oder nicht. Das, was man gelegentlich als aristotelischen Perfektionismus bezeichnet, ist tief in unsere lebensweltliche Praxis integriert, ohne dass wir dafür in der Moderne die angemessene Begrifflichkeit entwickelt haben. Die Dichotomie moralischer Motive einerseits und Interessenmotive andererseits, die insbesondere durch die kantische

Ethik das kontinentaleuropäische philosophische Denken bestimmt, vergröbert die Sachlage allzu sehr. Handlungsmotive, die nicht darauf gerichtet sind, das eigene Wohlergehen zu erhöhen, die aber auch nicht moralisch motiviert sind, fallen aus diesem Raster. Es gibt eine sich nicht in diese Dichotomie fügende Vielfalt von praktischen Gründen, die ihrerseits auf etablierte Institutionen der Interaktion, aber auch auf selbst gewählte Strukturen der Lebensform Bezug nehmen. In diesem Spektrum ist ein kleiner Teil auf die Erhöhung des eigenen Wohlergehens gerichtet, der größere hat damit bestenfalls indirekt etwas zu tun. Joseph Butler hat dies in seinen *Fifteen Sermons* auf den Punkt gebracht:[57] Ein Altruist ist glücklich, wenn er jemandem etwas Gutes tun kann. Er tut jemandem aber nicht deshalb etwas Gutes, um glücklich zu sein. Sein eigenes Wohlergehen ist nicht das Motiv des echten Altruisten. Es gibt zweifellos echten Altruismus. Weder der echte Altruist noch derjenige, der ein gutes Buch schreiben möchte, wohl wissend, dass weder die Vorbereitung noch der Ertrag sein eigenes Wohlergehen maximieren, handelt notwendigerweise aus moralischen Motiven. Es kann sich dennoch um gute praktische Gründe handeln, Gründe, die vernünftigerweise meine Lebensform mitbestimmen. Schon von daher ist es absurd, die moralische Motivation jeweils durch den Nachweis sicherstellen zu wollen, moralisches Handeln würde mein eigenes Wohlergehen maximieren, es sei in diesem Sinne in meinem eigenen Interesse. Es gibt vieles, was rationale Personen motiviert, das eine zu tun und das andere zu lassen: die Absicht, das eigene Wohlergehen zu maximieren, die Absicht, allgemein anerkannte soziale Regeln einzuhalten, die Projekte, die meinem Leben Sinn geben, zu realisieren, auf diejenigen, mit denen ich zu tun habe, Rücksicht zu nehmen, die eigenen Fähigkeiten auszubilden und das, was jeweils ansteht, so gut wie möglich zu tun. In unserer Lebenswelt sind wir alle in hohem Maße Aristoteliker: Die ethische Theorie kann sich von der lebensweltlichen Erfahrung, von der Sinnstiftung unseres jeweiligen Lebens, von der Praxis der alltäglichen Interaktion nicht allzu weit entfernen, wenn sie ernst genommen werden will.

Viertes Kapitel

Eine Verteidigung von Freiheit und Gleichheit[58]

Freiheit und Gleichheit sind die beiden Grundnormen der europäischen Demokratie, wie sie sich im Zuge der Aufklärung herausgebildet hat. Sie bilden den Anfang und gegebenenfalls auch das Ende der modernen politischen Philosophie. Statt von «Grundnormen» können wir auch von den «Grundwerten» der Freiheit und Gleichheit sprechen.[59]

Diese beiden Grundnormen sind uns so selbstverständlich geworden, dass wir ihre Besonderheit leicht verkennen. Es ist Immanuel Kant, der die Spezifik dieser beiden Normen wie kein anderer europäischer Philosoph auf den Begriff bringt. Der zurückgezogen lebende, in manchem weltabgewandt erscheinende Gelehrte aus Königsberg hat der europäischen Demokratie und der modernen politischen Philosophie erst klar gemacht: Freiheit ist keine Willkür, Freiheit erschöpft sich nicht in Autarkie, also darin, keine Herrschaft über sich zu dulden, Freiheit haben wir nur als Vernunftwesen, d. h. als Akteure, die nach Maximen handeln, die verallgemeinerbar sind. Menschen sind frei, insofern sie sich von Gründen – Gründen zu urteilen und Gründen zu handeln – leiten lassen. Freiheit ist also zu verstehen als Autonomie.

Gleich sind wir als Vernunftwesen. Als solche, die sich wechselseitig die Fähigkeit, nach Gründen zu handeln und zu urteilen, zuerkennen. Unabhängig vom jeweiligen sozialen Stand, von politischer oder ökonomischer

Macht erkennen wir uns als Gleiche an, insofern wir uns als Vernunftwesen sehen. Wir bringen Gründe vor – Gründe etwas zu glauben und Gründe etwas zu tun –, wenn wir mit anderen human, wie es dem Menschen als Vernunftwesen gemäß ist, interagieren. Die Menschenwürde ist zunächst eine individuelle. Menschen haben eine spezifische Würde, insofern sie in der Lage sind, nach Gründen zu handeln und zu urteilen, insofern sie Vernunftwesen sind, insofern wir ihnen Rationalität, Freiheit und Verantwortung zuschreiben können. Diese Form der Würde ist gleich, sie kommt jedem Einzelnen gleichermaßen zu und sie wird gegenüber jedem gleichermaßen in Anschlag gebracht, wenn der Umgang untereinander human ist. In diesem Sinne kann niemand für eine andere Person entscheiden. Jede Person ist autonom, darauf beruht ihre spezifische, je individuelle Würde. Als Vernunftwesen handeln wir nur nach den Maximen, die verallgemeinerbar sind, d. h. die vereinbar sind damit, dass jede Person ihre Freiheit realisieren, d. h. autonom leben kann. Die Autonomie sichernde Freiheit ist eine je individuell gleiche. Allen kommen die gleichen Freiheitsansprüche zu, weil sie alle in gleicher Weise autonom leben (wollen). Es gibt nur gleiche Freiheit oder keine Freiheit. Eine Gruppe von Menschen, die die Freiheitsansprüche auch nur einer einzigen Person verletzt, um alle übrigen besser zu stellen, handelt in toto heteronom, verletzt das Gebot gleicher individueller Würde, gleicher Autonomie und gleicher Freiheit und verliert damit gänzlich den Status einer moralischen Gemeinschaft. Die Gleichheit des Freiheitsanspruchs hängt mit der Kantischen Logik der Autonomie zusammen. Der Verallgemeinerungstest von Maximen impliziert diese Form gleicher Freiheit.

Diese für die europäische Demokratie konstitutive Verbindung von Freiheit und Gleichheit wird von drei Seiten angegriffen: Die erste meint zeigen zu können, dass Freiheit und Gleichheit unvereinbar sind und der Freiheit der absolute Vorrang einzuräumen sei. Belegen wir diesen Angriff mit einem heute zunehmend gebräuchlichen Terminus: Libertär bzw. die Position des Libertarismus.[60] Während der erste Angriff eine prinzipielle Unvereinbarkeit von Freiheit und Gleichheit postuliert und der Freiheit Priorität einräumt, geht der zweite Angriff zwar ebenfalls von einer Unvereinbarkeit von Freiheit und Gleichheit aus, räumt jedoch der Gleichheit die Priorität ein. Zur Bezeichnung wählen wir den Terminus kommunistisch bzw. die Position des Kommunismus.[61] Den dritten Angriff erleben wir in diesen Tagen. Er bezeichnet sich selbst nicht als anti-egalitär, wie die Vertreter des ersten, sondern als non-egalitär; er bringt nicht Freiheit gegen Gleichheit oder Gleichheit gegen Freiheit in Stellung, sondern hält die Gleichheit als Grundnorm für entbehrlich und ersetzt diese durch Normen der Solidarität. Ich habe oben wohl bedacht von Freiheit und Gleichheit als den beiden miteinander verkoppelten Grundnormen der politischen Moderne und der europäischen Demokratie gesprochen und *fraternité* oder Solidarität nicht als dritten genannt. Dieser dritte ist nicht spezifisch modern, er prägt die mittelalterliche und frühneuzeitliche Sozialordnung und wird in der politischen Moderne transformiert: Entweder als eine klassenspezifische Solidarität der Linken oder als konservative Solidarität der ohnehin Stärkeren gegenüber den Schwachen im Sinne karitativer Pflichten oder im Sinne universalistischer, inklusiver, die ganze Menschheit umfassender Pflichten der Hilfeleistung.

Diese drei Angriffe, der libertaristische, der kommunistische und der solidaristische, repräsentieren jeweils nicht nur einen Strang des philosophischen und polittheoretischen Denkens, sondern auch der politischen Praxis, des politischen Engagements. Der libertäre hatte immense Wirkung auf das, was in den USA als «Reaganomics» oder in Großbritannien als «Thatcher-Revolution» bezeichnet wurde; der kommunistische Angriff ist gegenwärtig zusammengebrochen und seine Protagonisten verschanzen sich in den letzten Wagenburgen etwa in Nordkorea oder Kuba, während die kommunistische Elite Chinas das gewagte Experiment der Verbindung eines entfesselten kapitalistischen Marktes mit kommunistischer Parteiführung und Staatskontrolle unternimmt. Aber in der Bewegung der Globalisierungskritiker, in den Gewerkschaften und in einem Teil der neuen sozialen Bewegungen halten sich nach wie vor kommunistische Ideale. Der dritte Angriff, der solidaristische, tritt weniger polemisch auf als die beiden vorausgenannten. Er eskamotiert den Wert der Gleichheit und ersetzt ihn durch Normen der Solidarität – Normen, die sich etwa aus der Pflicht ergeben, allen ein menschenwürdiges Leben zu ermöglichen. Dieser letzte Angriff ist politisch schwer zu verorten. Er reicht von sich selbst als Sozialdemokraten bezeichnenden Aristotelikern wie Martha Nussbaum bis zu eher neo-liberal Gesinnten wie Harry Frankfurt. Auch dieser Angriff bedroht jedoch das normative Fundament der Demokratie. Keine dieser drei politischen und intellektuellen Bewegungen lässt sich philosophisch überzeugend substantiieren. Dies zu zeigen, ist das Ziel dieses Aufsatzes; dabei wird der erste und der zweite Angriff auf das normative Fundament der politischen Moderne, d.i. Freiheit und Gleichheit, nur kursorisch behandelt, gewissermaßen als Folie, vor der der dritte Angriff desto deutlicher abgewiesen werden kann.

I. Freiheit ohne Gleichheit: Libertarismus

Die elaborierteste Form des Libertarismus hat Robert Nozick mit *Anarchy, State and Utopia* vorgelegt.[62] Es ist charakteristisch für diese und andere Formen des Libertarismus, dass sie individuelle Freiheit als etwas normativ Gegebenes annehmen. Dies geschieht bei Robert Nozick in der Form, dass er, sich auf John Locke berufend, die wichtigsten individuellen Rechte, das Recht auf Leben, das Recht auf körperliche Unversehrtheit und das Recht auf Eigentum, ohne weitere ethische[63] Begründungen anführt. Dies ist insoweit ein legitimer Argumentationsschritt, als die genannten individuellen Rechte in unserer lebensweltlichen moralischen Praxis ebenso wie in den juridischen Systemen der westlichen Demokratien tief verankert sind, wie ein Blick auf die Verfassungsordnungen zeigt. Von daher ist es nahe liegend, die Argumentation dort zu beginnen, wo es keinen fundamentalen Dissens – jedenfalls nicht unter den Adressaten der Schrift – gibt. Allerdings verbindet Nozick, und mit ihm die meisten Libertarier, mit den Locke'schen Individualrechten mehr, nämlich nicht nur ihre allgemeine Geltung, sondern auch ihren fundamentalistischen Status. Es sind lediglich diese individuellen Rechte, auf denen die Gesamtheit der normativen Beurteilung beruht, alle anderen normativen Aspekte sind demgegenüber derivativ, d. h. sie können nur insofern Relevanz beanspruchen, als sie sich aus diesem Katalog Locke'scher Individualrechte ableiten lassen. Diese Annahme steht aber zweifellos in einem tiefen Konflikt zur lebensweltlichen moralischen Praxis und ist von daher begründungsbedürftig. Nicht die Annahme Locke'scher Individualrechte ist begründungsbedürftig, sondern der damit verbundene Fundamentalismus (im Sinne von *foundationalism*, also erkenntnistheoretisch verstanden), den die libertäre politische Theorie postuliert. Wer, wie etwa John Rawls, die Gesamtheit der *well-considered moral judgements* und die Gesamtheit der etablierten politischen Begründungsformen als Berufungsinstanz einer normativen Theorie akzeptiert, enthebt sich einer darüber hinausgehenden «metaphysischen»[64] Begründungspflicht. Wer dagegen einzelne Elemente der lebensweltlichen moralischen Praxis (auch der juridischen Systeme und der politischen Begründung) herausgreift, diese als unbezweifelbares Fundament allen normativen Argumentierens auszeichnet und andere Teile der etablierten moralischen Praxis (der juridischen Systeme oder der politischen Begründungen) als irrelevant markiert, trägt eine besondere Begründungspflicht. Interessanterweise erfüllt Nozick diese, ebenso wie andere Libertarier, nicht.

Das libertäre Argument hat etwa folgende Form: Menschen haben individuelle Rechte, diese haben sie vor jeder moralischen oder politischen Instituierung.[65] Das libertäre Argument beruht auf einem emphatischen Verständnis natürlicher Freiheit: Freiheit ist nicht das Ergebnis wechselseitiger Anerkennungsverhältnisse und politischer Institutionalisierungen, sondern die Menschen sind ursprünglich, also vor aller politischen Ordnung, frei, und die jeweilige politische Ordnung muss sich gegenüber den Individuen im vorstaatlichen Zustand legitimieren. Das legitimierende Argument hat folgende

Form: Die freien Menschen im Naturzustand werden untereinander Verträge schließen, um sich gegen Übergriffe zu schützen, die in unterschiedlichen Auslegungen individueller Freiheitsrechte oder in der Ausübung von Selbstjustiz ihren Grund haben. Sie werden, wie Nozick meint, Schutzgemeinschaften bilden, und dies entspricht in der Tat einer historischen Erfahrung, dass überall dort, wo die staatliche Ordnung kollabiert, etwa in Bürgerkriegen, aber auch bei schwachen Formen der Fremdherrschaft, solche lokal dominierenden Schutzgemeinschaften entstehen. Die sizilianische Mafia ist dafür ebenso ein Beispiel wie das Regime der *war lords* in Afghanistan oder auf dem Balkan. Je größer die Schutzgemeinschaft, desto effektiver kann das Gut individuelle Sicherheit garantiert werden. Dieses Gut ist also von einer Art, das Monopolstrukturen begünstigt. Eine monopolistische Schutzgemeinschaft aber ist etwas dem Staate sehr Ähnliches. Damit ist nach Auffassung der Libertarier gezeigt, dass ein Minimalstaat allein aus individuell rationalem Verhalten bei wechselseitiger Anerkennung der Locke'schen Individualrechte resultieren würde. Die entscheidende Volte der Libertären besteht jedoch nicht in dieser Widerlegung des Anarchismus, sondern in dem vermeintlichen Nachweis, dass jede über eine verallgemeinerte Schutzgemeinschaft hinausgehende staatliche Ordnung Locke'sche Individualrechte verletzen würde. Dieses Argument ist aber klarerweise ein *non sequitur*, es ist nicht schlüssig. Warum sollte es nicht in einem analogen Prozess der unsichtbaren Hand neben Schutzgemeinschaften auch Bildungsgemeinschaften geben, die aufgrund individueller Verträge entstehen? Warum sollten sich nicht die Eltern A und die Eltern B zusammenschließen und eine Abgabe zahlen, um beider Kinder unterrichten zu lassen? Dies ist sicher effizienter, als je individuell diesen Unterricht zu gestalten. Warum sollten in gleicher Weise nicht Sozialgemeinschaften entstehen, die gegen existentielle Risiken wie Krankheit, Elternschaft, Alter oder Arbeitslosigkeit versichern? Auch hier gilt das gleiche Argument der Größe: Je größer die jeweilige Gemeinschaft, desto effektiver kann sie das jeweilige Gut bereitstellen. Es ist zu erwarten, dass lediglich aufgrund individueller Rationalität, der Möglichkeit, Verträge zu tätigen, und unter Voraussetzung der wechselseitigen Anerkennung Locke'scher Individualrechte neben Schutzgemeinschaften auch Bildungs- und Sozialgemeinschaften entstehen. Sie sind damit unter den – problematisch einseitigen – normativen Voraussetzungen der Libertären legitimiert. Der Libertarismus zeigt gerade das nicht, was er glaubt, zeigen zu können, nämlich dass jede über den liberalen Nachtwächterstaat hinausgehende staatliche Ordnung Locke'sche Individualrechte verlässt. Mit anderen Worten: Selbst wenn man sich auf die Eskamotierung aller normativen Bestimmungen, ausgenommen der Locke'schen Individualrechte, einließe, würde sich nach wie vor, also unter Voraussetzung des Primats, ja der ausschließlichen moralischen Relevanz individueller Rechte, ein Sicherheits-, Bildungs- und Sozialstaat legitimieren lassen. Als rationale Akteure, die kein normatives Gleichheitspostulat kennen, werden diese Gemeinschaften allerdings asymmetrisch sein: Sie werden die Schwächeren in höherem Maße belasten als die Stärkeren. Dies gilt schon für den Nozick'schen Minimalstaat. Es ist nicht einzusehen, warum nicht die Stärkeren für sie vorteilhafte Verträge mit Schwächeren schließen und damit die Besserstellung der ohnehin schon Starken legitimieren.

Es ist anzunehmen, dass der Gerechtigkeitssinn gegen diese Form der sozialen Asymmetrie rebellieren würde, d. h., dass eine politische und soziale Ordnung, die in hohem Maße von den Asymmetrien je individueller Vertragsschlüsse geprägt ist, keinen allgemeinen Konsens fände. Warum sollte es dann nicht rational sein, dass sich zum Beispiel die Schwächeren in großer Zahl zusammenschließen und eine andere politische und soziale Ordnung erzwingen? Ein solcher Zwang stünde im Widerspruch zur vorausgesetzten wechselseitigen Anerkennung Locke'scher Individualrechte als einziges normatives Fundament. Ein solcher Zwang wäre Ausdruck eines Konfliktes zweier normativer Perspektiven: der der Legitimität je individuell optimierender Vertragsschlüsse einerseits und der Wahrnehmung sozialer und politischer Asymmetrie, sprich der Verletzung des Gleichheitspostulates, auf der anderen Seite. John Rawls hat den Schleier des Nichtwissens eingeführt, um diese Kantische Perspektive zu konkretisieren. Die öffentlichen Beurteilungen unter dem Maßstab der Gerechtigkeit müssen von der je individuellen Situierung abstrahieren. Die Stabilität einer politischen Ordnung hängt davon ab, dass eine solche Zustimmungsfähigkeit unter dem Schleier des Nichtwissens gegeben ist. Gleichheit heißt, dass unabhängig von der natürlichen und sozialen Lotterie die politische Ordnung jeweils gegenüber jedem Einzelnen gerechtfertigt werden kann. Der normative Konsens beruht auf der Einnahme eines moralischen Standpunktes. Dies aber sollten die Libertarier nicht kritisieren, denn sie selbst postulieren die Einnahme eines moralischen Standpunktes, nämlich den, Locke'sche Individualrechte zu respektieren und nur diese. Der libertäre Angriff auf das normative Fundament der politischen Moderne, die im Kantischen Sinne verkoppelte Freiheit und Gleichheit, hat also zwei Schwächen: Die Willkür in der Auswahl der normativen Prämissen – eine Willkür, die eine umfassend kohärentistische Begründung des Libertarismus ausschließt und den Libertarismus damit in eine Reihe fundamentalistischer ethischer Ansätze stellt, die an einem selbstgestellten unlösbaren Begründungsproblem scheitern. Die zweite Schwäche ist, dass selbst bei Voraussetzung dieses einseitigen und willkürlich auf Locke'sche Individualrechte beschränkten normativen Fundamentes sich nicht einsichtig machen lässt, dass sich der einzig legitimierbare Staat auf die Garantie individuellen Schutzes beschränken würde. Wie wir gesehen haben, ist es weit plausibler anzunehmen, dass in analoger Weise als Ergebnis eines Prozesses der unsichtbaren Hand nicht nur Schutzgemeinschaften, sondern auch Bildungs- und Sozialgemeinschaften entstünden. Diese beiden Schwächen sind fatal. Der erste, libertäre Angriff auf das normative Fundament der politischen Moderne kann damit als abgewehrt gelten.

II. Gleichheit ohne Freiheit: Kommunismus

Der Kommunismus hat mit dem Libertarismus eines gemeinsam, nämlich die These der Unvereinbarkeit von Freiheit und Gleichheit. Der Unterschied zwischen Kommunismus und Libertarismus besteht darin, dass der Kommunismus der Gleichheit und der Libertarismus der Freiheit angesichts einer vermeintlichen Unvereinbarkeit den Vorrang gibt. In der Tat führt die wechselseitige Anerkennung von Freiheit im Sinne einer möglichst autonomen Lebensgestaltung zu realen Ungleichheiten. Der Feind der Freiheit im Sinne Kantischer Autonomie ist der Paternalismus im günstigen und der Totalitarismus im ungünstigen Falle. Der Paternalismus ist von Wohlwollen gegenüber den zu Betreuenden geleitet und achtet in seiner kommunistischen Variante darauf, dass sich niemand von einer anderen Person allzu sehr abhebt. Begabungsunterschiede werden folgerichtig ignoriert, Auffälligkeiten wo es geht bekämpft. Kunst und Wissenschaft sind in einer paternalistischen Gesellschaft diesen Typs ein steter Quell des Unbehagens. Die Normierung auf Gleichheit richtet sich vor allem aber auch gegen abweichendes Sozial- und Individualverhalten. Agenturen der Betreuung sorgen dafür, dass diese Abweichungen gering gehalten werden, sofern sie sich nicht durch Sanktionen im Keime ersticken lassen. Die totalitäre Variante setzt Gleichheit auf Kosten von Freiheit durch umfassende Kontrolle durch. Das Wohlwollen des Paternalismus wird durch die Repression des Staats- und Parteiapparates ersetzt. Die kommunistischen Gesellschaften der Vergangenheit und auch noch der Gegenwart lassen sich in diesem Spektrum zwischen Paternalismus und Totalitarismus ansiedeln. Das Kambodscha des Pol Pot war zweifellos totalitär, das Maoistische China war überwiegend totalitär, das Stalinistische Russland war überwiegend totalitär, Albanien unter Enver Hodscha ohnehin. Die mittel- und osteuropäischen Staaten, die erst in den letzten Kriegsjahren unter sowjetische Kontrolle kamen, verbanden totalitäre und paternalistische Elemente miteinander und versuchten, zumindest nach außen ihre totalitären Praktiken zu verdecken. Ein Gutteil der westeuropäischen und internationalen Linken ist dieser Camouflage aufgesessen. Das Erwachen seit

Mitte der 80er Jahre war entsprechend bitter und hat zu einer Entpolitisierung oder gar zynischen Rechtswendung eines wesentlichen Teils der politischen Linken beigetragen. Das Versprechen des frühen Marx und der Frühsozialisten, durch Gleichheit erst Freiheit zu sichern, ist in diesem groß angelegten historischen Experiment des Marxismus-Leninismus jedenfalls gescheitert, und der normative Irrtum liegt auf der Hand: Die wechselseitige gleiche Anerkennung von Autonomie und individueller Würde impliziert die Zurückhaltung staatlicher Kontrolle. Freiheit und Gleichheit sind in der politischen Moderne miteinander unlösbar verknüpft, aber eben in der Weise, dass die wechselseitige gleiche Anerkennung individueller Würde und Autonomie der einzelnen Person eine private wie auch eine politische Verantwortung zuweist. Diese Verantwortung lässt sich nicht delegieren und ihre konkrete Ausübung nicht kontrollieren, ohne genau das zu verlieren, nämlich die Verkoppelung von Freiheit und Gleichheit im Kantischen Sinne.

III. Solidarität statt Gleichheit

Der dritte Angriff auf das normative Fundament der politischen Moderne, die Verkoppelung von Freiheit und Gleichheit im Kantischen Sinne, hält Gleichheit für keinen normativen Wert an sich und möchte ihn durch verschiedene Varianten der Solidarität ersetzen. Protagonisten dieses Angriffs bezeichnen sich nicht als Anti-Egalitaristen, sondern in der Regel als (neue) Non-Egalitaristen. Gleichheit mag für sie zwar gelegentlich eine instrumentelle normative Relevanz haben, aber niemals eine intrinsische. Gleichheit als solche sei kein ethischer oder politischer Wert. Gleichheit soll durch Suffizienz ersetzt werden. Eine Argumentationslinie der Non-Egalitarier suggeriert, dass jede ethische und politische Bezugnahme auf Gleichheit in Wirklichkeit auf etwas anderes gerichtet sei, z. B. auf Suffizienz oder Inklusion.[66] Dieser letzte Angriff erinnert an die von Odysseus inspirierte List der Achäer, die den Trojanern, nachdem alle Versuche, Troja zu besiegen, gescheitert waren, ein hölzernes Pferd als Geschenk anboten, in dem die griechischen Krieger freundlichen Einlass in die bislang unbesiegbare Stadt erhielten, um dann nächtens die Tore zu öffnen, so dass die Stadt gestürmt werden konnte. Den Non-Egalitariern fehlt die Aggressivität der Libertären und der Kommunisten. Sie beschwichtigen, indem sie suggerieren, das Gleichheitspostulat sei doch gut aufgehoben in anderen normativen Kriterien, und verbergen damit, dass das Fundament der politischen Moderne zerstört werden soll. Der neue Non-Egalitarismus ist das Trojanische Pferd, das den humanistischen Kern einer Kantisch verstandenen europäischen Demokratie brechen soll. Die so unkriegerische äußere Gestalt dieses Pferdes ist verführerisch, sie lässt freundliche Vereinnahmung und keine Zerstörung erwarten. Die Verteidiger der Gleichheit sollten einsehen, dass sie nicht verlieren, vielmehr lediglich ein Geschenk entgegennehmen. Gleichheit sei doch – besonders im internationalen Rahmen – eine Chimäre. Politische Programme, die sich auf Gleichheit berufen, hätten gegen die Realitäten doch keine Chance. Wer will wirklich gleiche Bedingungen eines autonomen Lebens in den Slums von Kalkutta und in Beverly Hills? Die Verteidigung der Gleichheit werde zu purem Utopismus und zudem könne es doch nicht wirklich um Gleichheit gehen, sondern um das, was die Verteidiger der Gleichheit doch wohl eigentlich im Auge hätten, nämlich Mindestbedingungen eines menschenwürdigen Lebens zu schaffen.

Das, was von Alexis de Tocqueville so einfühlsam als der Charme des *Ancien Régime* beschrieben wurde, sah Verantwortung für die Schwächeren über alle Stände hinweg vor.[67] Die personalen Bindungen schafften zwischen den unterschiedlichen sozialen Rollen einen Zusammenhalt, der den Absturz ins Bodenlose verhinderte. Die mittelalterliche und die frühneuzeitliche Gesellschaft war in diesem Sinne – jedenfalls von ihrem normativen Gehalt, wenn auch nicht unbedingt von ihrer sozialen Praxis her beurteilt – eine solidarische. Der dritte Kampfbegriff auf den Bannern der Französischen Revolution, *Fraternité*, war nicht spezifisch modern, wie *Liberté* und *Egalité*, er symbolisierte das Fortleben, aber auch die Transformation von Solidaritätsbeziehungen, die aus der feudalen Ordnung vertraut waren. Diese Solidaritätsbeziehung wurde nun klassenspezifisch verstanden und zweifellos zu einem starken Movens der Revolution. Gleichheit als intrinsischen Wert aufzugeben und durch Solidarität zu ersetzen, hieße, zu einer karitativen Wertorientierung zurückzukehren und eine postmoderne Politik zu legitimieren, charakterisiert durch die Freiheit des Marktes einerseits und eine Solidarität andererseits, die ohne Verankerung in kollektiven Identitäten und lokalen kulturellen Kontexten nicht lebensfähig wäre. Ohne ihre Verkoppelung mit Gleichheit verwandelt sich Freiheit in die Freiheit der Anbieter und Nachfrager von marktgängigen Gütern, und ohne Verbindung mit Gleichheit verkommt Solidarität zur Hilfe für die Ärmsten. Ohne den zweiten Grundwert der bürgerlichen Revolution bleibt das Marktkorrektiv des Mitleids als Grundlage staatlicher Armenhilfe und privaten karitativen Engagements. Das, was seit einiger Zeit gewissermaßen esoterisch, nämlich in philosophischen Fachzeitschriften, als neuer Non-Egalitarismus diskutiert wird, passt gut in die politische Agenda der Zerstörung sozialstaatlicher Strukturen. Diese sind, jedenfalls in Mittel- und Nordeuropa – also dort, wo sie am erfolgreichsten und wirksamsten etabliert wurden –, nicht auf Armenhilfe zu reduzieren. Die staatlichen Sozialversicherungssysteme gelten nicht nur dem individuellen Ausgleich von Lebensrisiken, sondern der Herstellung von Mindeststandards der Gleichheit im Sinne gleicher Würde und gleicher Freiheit. Menschen sollen Akteure ihres Lebens bleiben können, auch wenn der Markt für sie vorübergehend oder vielleicht sogar auf Dauer keine Verwendung mehr hat. Sie sollen sich mit gleicher Würde gegenübertreten können, auch wenn ihre materiellen Ressourcen unterschiedlich sind: Der Sozialstaat des mittel- und nordeuropäischen Typs als Institutionensystem, das die Realisierung individueller sozialer Rechte und damit die Autorschaft des eigenen Lebens sichern soll. Seine Beschränkung auf die wirklich Bedürftigen, wie es den aktuellen Agenden in den meisten westlichen Industrienationen entspricht – mit Ausnahme lediglich des skandinavischen Modells –, ist vor diesem Hintergrund als ein Traditionsbruch zu verstehen. Es wird damit das wesentliche Movens, allen die Möglichkeit vernünftiger und langfristiger Lebensplanung zu ermöglichen und sie damit auch angesichts der Wechselfälle des Marktes Autoren ihres Lebens und nicht Opfer von Willkür und Zufall sein zu lassen, aufgegeben und durch Suffizienzkriterien ersetzt. Dem neuen Non-Egalitarismus mag das möglicherweise nicht bewusst sein: Er ist der passende intellektuelle Begleiter des großen Abbruchunternehmens Europäischer Sozialstaat.

Die neuen Non-Egalitarier locken mit Suffizienz: Darum müsse es doch auch den Verteidigern der Gleichheit gehen, dass jeder Mensch die Bedingungen vorfindet, die ein menschenwürdiges Leben gestatten.[68] Alles andere sei doch eigentlich irrelevant. Wenn diese Bedingungen erfüllt sind, seien auch große Differenzen kein normatives Problem. Die Verteidiger der Gleichheit[69] sollten doch erkennen, dass es ihnen eigentlich um etwas anderes geht, nämlich um die Minimalbedingungen eines menschenwürdigen Lebens. Es scheine ihnen, als habe dies etwas mit Gleichheit zu tun, da es in der Tat skandalös anmutet, wenn Einzelne in großem Reichtum schwelgen, während andere unter menschenunwürdigen Bedingungen vegetieren. Diese Differenzen kann man als Hinweis darauf auffassen, dass es Möglichkeiten gibt, die menschenunwürdigen Lebensbedingungen durch entsprechende Maßnahmen – eventuell auch solche der Umverteilung – zu beenden. Warum dann noch die Orientierung an Gleichheit? Dieser Suggestion muss mit einem präzisen philosophischen Argument begegnet werden:

Es stehen sieben Menschen im Zimmer und warten auf einen hohen Besuch. Dieser kommt herein und gibt sechs von ihnen die Hand, aber nicht dem Siebten. Dieser Siebte ist zu Recht darüber gekränkt oder empört. Im Übrigen geht es dem Siebten gut, er hat ein hinreichendes Einkommen und die Tatsache, dass ihm nicht die Hand geschüttelt wurde, hat für ihn keinen bleibenden Schaden. Er ist zu Recht gekränkt oder empört, er hat eine reaktive moralische Einstellung, die Strawson «resentment» nennt, d. h. er nimmt es der hoch gestellten Persönlichkeit übel, und zwar im moralischen Sinne, dass sie ihm nicht die Hand gegeben hat. Nun mag es Gründe dafür geben, dass diese hoch gestellte Persönlichkeit so gehandelt hat, möglicherweise hat der Siebte der Wartenden kürzlich einen beleidigenden Artikel geschrieben – und das ist die Motivation für dieses Verhalten. Dann wäre – möglicherweise – der Betroffene zu Unrecht gekränkt oder empört, er hätte keinen guten Grund, das moralisch übel zu nehmen. Aber nehmen wir an, er hätte Grund, gekränkt oder empört zu sein und dieses Verhalten moralisch übel zu nehmen. Dann stellt sich die Frage, warum? Nun, weil er anders, eben ungleich behandelt wurde gegenüber den anderen Wartenden. Gleichheit im Sinne von Gleichbehandlung ist wesentlich für individuelle Selbstachtung und für den Respekt gegenüber anderen. Es ist die Tatsache, ungleich behandelt worden zu sein, obwohl es dafür keinen Grund gab, die diese kränkende Wirkung hat. Dieser Umstand allein, d. h. ohne Grund ungleich behandelt worden zu sein, ist (rationalerweise) geeignet, die individuelle Selbstachtung der betroffenen Person zu verletzen. Die betroffene Person hat Grund, sich in ihrer Selbstachtung beschädigt zu sehen. Dies gilt selbst dann, wenn die Person über einen so stabilen Charakter verfügt, dass sie de facto in ihrem Selbstwertgefühl nicht gemindert ist. Allein die Tatsache, dass das Verhalten der hoch gestellten Persönlichkeit offenkundig darauf abzielte, ihre Selbstachtung zu beschädigen, und dass die betroffene Person daraufhin gerechtfertigterweise gekränkt oder empört ist und dieses Verhalten übel nehmen kann, reicht hin – wie auch immer die psychischen Wirkungen dieses Verhaltens de facto sind.[70] Ungleichheit kränkt zu Recht, auch in den Fällen, in denen nichts Wesentliches auf dem Spiel steht. Dies spricht gegen die Überführbarkeit von Gleichheitskriterien in Suffizienzkriterien. Viele Non-Egalitarier werden erwidern: Gegen Gleichbehandlung als Prinzip habe ja niemand irgendetwas. Die gesamte Rechtsordnung beruhe doch auf Gleichstellung vor dem Gesetz. Anti-Diskriminierungs-Gesetze seien sinnvoll. Und dieser Sinn lasse sich vielleicht nicht durch Suffizienzkriterien allein fassen, aber zumindest durch das Kriterium der Inklusion, also der Einbeziehung aller, des Nicht-Ausschließens aus den sozialen Bezügen. Dieser Rettungsversuch des Non-Egalitarismus kann aus zwei Gründen nicht überzeugen.

Zum einen gibt es einen Zusammenhang zwischen Gleichbehandlung und Gleichverteilung. Jede zentrale Verteilungsinstanz hat das zu Verteilende gleich zu verteilen, außer es gibt gute Gründe, es ungleich zu verteilen. Jede Ungleichverteilung ohne Grund kränkt zu Recht, verletzt die Selbstachtung der Betroffenen. Das hat mit Suffizienzkriterien nichts zu tun. Auch dann, wenn hinreichend viel von einem zu verteilenden Gut vorhanden ist, so dass auch bei drastischer Ungleichverteilung die schlechter Gestellten immer noch nach absoluten Maßstäben relativ gut gestellt sind, ist eine ungleiche Verteilung ohne Grund inakzeptabel, sie kränkt die Betroffenen zu Recht. Wenn in einem Golfclub mit hohen Jahresbeiträgen und individuell gut gestellten Mitgliedern, die nutzbaren Zeiten verteilt werden, und diese werden willkürlich, d. h. ohne vernünftigen Grund ungleich verteilt, dann sind die Betroffenen zu Recht gekränkt, dann hat die Person, die über diese Verteilung entschieden hat, unrecht gehandelt. Gleichheit ist auch weit jenseits jedes Suffizienzkriteriums ein wesentliches Element der Selbstachtung. Gleichbehandlung führt unter bestimmten Bedingungen zwingend zu Gleichverteilung.

Zum anderen führt nicht jede ungerechtfertigte Handlung, nicht jedes Gefühl des Zurückgesetztseins, d. h. der Kränkung oder der Empörung, zur Exklusion. Wir wollen eine Gesellschaft des Respekts und der wechselseitigen Anerkennung. Eine solche Gesellschaft setzt voraus, dass wir uns wechselseitig als Gleiche, in einem bestimmten Sinne jedenfalls, verstehen und uns entsprechend zueinander verhalten. Eine Verletzung dieses Gleichheitsgebotes impliziert noch nicht Exklusion, sondern eben nur Zurücksetzung, Schlechterbehandlung, ungerechtfertigte Ungleichheit. Diese ist für sich normativ problematisch, nicht erst dann, wenn sie die Betroffenen aus den sozialen Interaktionsbeziehungen ausschließt. Als Fazit lässt sich festhalten: Weder Suffizienz noch Inklusion können den Wert und die Norm der Gleichheit ersetzen. Gleichheit hat wie Freiheit einen intrinsischen Wert, aber auch Solidarität und damit Suffizienz und Inklusion. Verletzungen des Gleichheitspostulats kränken die Betroffenen. Wir wünschen uns eine nicht-kränkende, die Selbstachtung ihrer Mitglieder nicht beschädigende Gesellschaft. Eine solche Gesellschaft muss Gleichheitspostulaten einen zentralen Stellenwert einräumen.

V. Der intrinsische Wert der Freiheit

Nicht nur Gleichheit, auch Freiheit ist ein intrinsischer Wert bzw. eine Norm, die um ihrer selbst willen zu beachten ist. Freiheit ist nicht lediglich Instrument zur Erlangung anderer Ziele, etwa des Glücks des Individuums oder der wirtschaftlichen Effizienz des Marktes. Wenn A überzeugt ist, dass B ein glücklicheres Leben führen würde, wenn sie sich für h entschiede, dann kann A gegenüber B Gründe vorbringen, um B zu überzeugen. Nehmen wir an, A hat gute Gründe für ihre Überzeugung und B hat schlechte Gründe für ihre gegenteilige Überzeugung. Damit hat A aber noch kein Recht, B zu h zu zwingen. A behandelt B nur insofern respektvoll, d. h. ihre Freiheit im Sinne Kantischer Autonomie achtend, wenn A Gründe vorbringt und nicht den vielleicht effizienteren Weg der Manipulation oder Instrumentalisierung geht. Es könnte sein, dass man B leicht dazu bringen könnte, h zu tun, indem man ihr falsche Informationen vermittelt, sie unter Druck setzt oder, wie es Österreicher nennen, charmiert. Auch wenn solches Verhalten im Alltag oft genug vorkommt, es verletzt das Postulat wechselseitigen Respekts. Wohlgemerkt, dieser Respekt ist hier spezifiziert: Es ist ein Respekt, der darauf beruht, dass wir uns wechselseitig als autonome Akteure ansehen, als Autoren unseres Lebens, als Wesen, die sich von Gründen affizieren lassen, die in der Lage sind, Gründe abzuwägen und aufgrund dieser Abwägung urteilen und entscheiden. Es mag sein, dass durch diesen Respekt das erreichbare Ergebnis, dass B h tut, nicht erreicht wird. B wäre dann in ihrem weiteren Leben möglicherweise unglücklicher als nötig. Die soziale Welt wäre, gemessen an der Glückssumme, eine schlechtere, als wenn B sich für h entschieden hätte. Dies ändert aber nichts daran, dass es der Respekt vor der Autonomie verlangt, nicht zu manipulieren, sondern Gründe anzuführen, auch wenn diese Gründe nicht das effektivste Mittel sind, B zu h zu veranlassen. Freiheit als Autonomie ist ein intrinsischer Wert bzw. eine intrinsische Norm. Eine freiheitliche Gesellschaft ist eine solche, die ihren Mitgliedern diese Form der Autonomie zugesteht, die ihre lebensweltlichen Moralbeziehungen ebenso wie ihre politischen und sozialen

Institutionen so gestaltet, dass sie ihren Mitgliedern jeweils ein möglichst autonomes Leben gestattet. Eine freiheitliche Gesellschaft muss daher mit Differenzen leben. Mit Differenzen in der Lebensgestaltung auch dann, wenn sie die soziale Kohäsion vermindern, Konflikte schaffen, Widerstände provozieren. Das Ziel vieler Kommunitaristen, die Kohäsion innerhalb der Gesellschaft zu stärken, ist legitim. Es darf aber nur in den Grenzen Richtschnur des bürgerlichen Engagements und der politischen Entscheidung sein, in denen es nicht in Konflikt zur Freiheitlichkeit, d. h. zur wechselseitigen Anerkennung autonomer Lebensgestaltung gerät.

Diese Kantisch verstandene Freiheit ist ohne Gleichheit konzeptionell unvollständig. Das Postulat des Respekts verlangt, allen gleichermaßen ein autonomes Leben zuzugestehen. Dies rechtfertigt es, dass etwa in der Theorie der Gerechtigkeit von John Rawls[71] das erste Prinzip als gleiche maximale Freiheit charakterisiert wird und dort eben nicht das Differenzprinzip zur Anwendung kommt, das immer dann Ungleichheiten rechtfertigt, wenn sie auch die schlechter Gestellten besser stellen. Nein, dieser wechselseitige Respekt vor der Autonomie des Individuums ist *gleicher* Respekt. Jede Ungleichheit in diesem sensiblen Bereich der Selbstbestimmung, der Autorschaft des eigenen Lebens würde die individuelle Selbstachtung beschädigen. Die Kantische Freiheit ist ein intrinsischer Wert oder eine intrinsische Norm, und sie ist begrifflich eine gleiche individuelle Freiheit. Sie kommt allen gleichermaßen zu. Und nur insofern sie allen gleichermaßen zukommt, kann sie Grundprinzip einer freiheitlichen Gesellschaft sein. Jede Abweichung von der gleichen Zuerkennung autonomer Lebensgestaltung würde das normative Fundament der politischen Moderne und der Europäischen Demokratie zerstören.

Machen wir uns das an einem Gedankenexperiment klar. Nehmen wir an, eine Gesellschaft sei durch tief verwurzelte, traditionelle Ungleichheits-Vorstellungen geprägt. Nehmen wir an, alle Mitglieder dieser Gesellschaft ordnen sich jeweils einzelnen Ständen oder Kasten zu, und jedem Mitglied eines solchen Standes oder einer solchen Kaste kommen als Mitglied dieses Standes oder dieser Kaste bestimmte Vorrechte gegenüber niedrigeren Kasten oder Ständen zu. Angenommen, diese normative Ungleichheitsordnung werde allgemein akzeptiert. D. h. auch die Mitglieder der unteren Kasten oder Stände akzeptieren die Vorrechte der Mitglieder höherer Kasten oder Stände. Gleichheit kann weder im Sinne bestimmter Kriterien der Gleichverteilung noch in dem harmloser erscheinenden Kriterium der Gleichbehandlung (etwa vor dem Gesetz) in einer solchen Gesellschaft eine Rolle spielen. Nicht-Brahmanen achten darauf, dass ihr Schatten nicht auf einen Brahmanen fällt. Es wird entsprechend Abstand gehalten, und diese Sonderbehandlung ist in der traditionellen hinduistischen Gesellschaft religiös verankert. Die Mitglieder der untersten Kaste gelten als unrein, man darf sie nicht einmal berühren, wenn man einer höheren Kaste angehört. Eine Kastengesellschaft ist mit der Freiheit des Marktes, d. h. der Freiheit, Güter anzubieten und zu kaufen, vereinbar. Der Markt wird diese normative Ordnung nicht sprengen. Eine solche Gesellschaft ist auch mit Solidarität vereinbar, nämlich denjenigen zu helfen, denen es am allerschlechtesten geht, ihnen Mindestbedingungen einer menschenwürdigen Existenz zu sichern. Manche Angehörige hoher Stände und Kasten haben in der Vergangenheit große Anstrengungen unternommen, um den Angehörigen der niederen Stände und Kasten zu einem menschenwürdigen Leben zu verhelfen. Diese Solidarität wird die normative Ordnung der Ungleichheit, die in Kasten und Stände gliedert, die Vorrechte und Dienstpflichten zuteilt, nicht wirklich erschüttern, vielleicht wird sie diese sogar stabilisieren. Aber das Postulat der Gleichheit birgt den Sprengsatz. Die Erkenntnis, dass Menschen grundsätzlich gleich sind, und zwar gleich in ihrem Anspruch, ein autonomes Leben zu führen, dass Menschen gleiche Freiheit in diesem Kantischen Sinne – und eben nicht auf Marktfreiheit verkürzt – zukommt, ist der Sprengsatz jeder Kasten- und Ständeordnung.

Die Idee der menschlichen Gleichheit geht in der Antike auf die Stoa zurück. Man kann sie als eine frühe ethische Entdeckung ansehen, die ein wesentliches Element der politischen Moderne vorwegnahm. Diese Entdeckung wurde politisch bis zum Untergang des römischen Imperiums nicht mehr wirksam. Stoizistisches Gedankengut ist in die christliche Ethik eingeflossen, aber auch die klerikalen Autoritäten waren Stände-orientiert und bekämpften die subversive Idee der Gleichheit der Christenmenschen. Erst in der frühen Neuzeit bricht sich die Idee der Gleichheit auch politisch und sozial ihre Bahn. In der zynischen Variante eines Thomas Hobbes, für den alle Menschen insofern gleich sind, als sie bei allen Unterschieden von Körper- und Geisteskräften befürchten müssen, von einer Koalition der Schwächeren umgebracht zu werden, später in der Idee der Gleichheit als Citoyens bei Jean-Jacques Rousseau und schließlich auf den Begriff gebracht in der Anthropologie und Ethik Immanuel Kants. Gleiche Menschenwürde und gleicher Respekt, Kantische Gleichheit sprengt die Strukturen der

Unterordnung, der Ständegesellschaft und des Kastensystems. Ohne Gleichheitspostulat keine politische Moderne und umgekehrt: Die Aufgabe des Gleichheitspostulates bedeutete das Ende der politischen Moderne und wäre Wegbereiter für eine Rückkehr in verfestigte Ungleichheiten vormodernen Typs. Es ist die Hoffnung der Libertären, dass der Markt auch ohne Gleichheitspostulat Verfestigungen, d. h. strukturierte und über Generationen weitergegebene Ungleichheit verhindert. Ungleichheit ist für Libertäre für sich genommen nicht schlecht, auch wenn diese Ungleichheit extreme Züge annimmt. Aber verfestigte und ererbte Ungleichheit ist von Übel – schon deswegen, weil sie die Marktdynamik schwächt. Die empirischen Befunde sprechen aber eine andere Sprache: Überall dort, wo die Freiheit des Marktes Ungleichheiten schafft, findet sie Wege, diese sozial zu verfestigen. Die Konzentration des Vermögens ist nicht anonym, sondern es sind einzelne Familien, die von dieser Vermögenskonzentration profitieren und diese oft ohne jede eigene Leistung weitergeben. Der weltweite Konkurrenzdruck, die Anlagebedingungen des Kapitals möglichst günstig zu gestalten, führt gegenwärtig zu einer weiteren Absenkung der Erbschafts- und Vermögenssteuer. Gleiche Startbedingungen für alle werden damit erst recht zu einer Chimäre. Die traditionelle Stände- und Kastengesellschaft verwies auf eine kosmische Ordnung, die sie repräsentierte. Die modernen Strukturen der Ungleichheit verweisen auf den Markt, der diese vermeintlich legitimiert. Die Idee der Fairness, der gleichen Chancen für alle, die Idee, Autor seines Lebens zu sein, verschwindet hinter den Zuteilungsmechanismen einer nur vermeintlich anonymen Wirtschaftsordnung. Wenn die Möglichkeiten der Lebensgestaltung allzu ungleich verteilt sind, wirkt das Postulat gleicher Freiheit wie kollektiver Selbstbetrug. Es war traditionell und ist aktuell Aufgabe der Politik, die Rahmenbedingungen so zu setzen, dass die Dynamik des kapitalistischen Marktes die Idee gleicher Freiheit nicht nachhaltig beschädigt. Dies ist im nationalstaatlichen Rahmen mehr oder weniger erfolgreich versucht worden. Heute ist dieses Modell der politischen Gestaltung an seine Grenzen gestoßen und ein Ersatz vorläufig bestenfalls rudimentär in Gestalt der Europäischen Union in Sicht.

VI. Ein deontologisches Verständnis von Freiheit und Gleichheit

Wir haben bisher, bewusst vage, vom Wert bzw. von der Norm der Freiheit und der Gleichheit, auch der Solidarität, gesprochen. Dies soll nun präzisiert werden.

Konsequentialistische normative Theorien, seien es solche der Rationalität oder der Moral, stützen sich ausschließlich auf Kriterien der Folgen-Optimierung. Solche Kriterien müssen zunächst ein Maß des Guten, z. B. ein Maß der Bewertung sozialer Zustände, bestimmen, um dann zu fordern, dass die einzelne Entscheidung – sei es von Individuen oder von Institutionen – so getroffen wird, dass dieses Maß optimiert wird. Man spricht hier sinnvollerweise besser von «optimieren» statt von «maximieren», da Wahrscheinlichkeiten im Spiel sind und der Akteur nie weiß, welche tatsächlichen Folgen sein Tun hat. Es geht also darum, angesichts angenommener Wahrscheinlichkeiten so zu handeln, dass der Erwartungswert der Folgen maximiert wird. Optimal ist eine Handlung, die den Erwartungswert ihrer Folgen maximiert.[72] Ich habe an anderer Stelle gezeigt, dass alle konsequentialistischen Theorien, seien sie rationalitätstheoretischer oder ethischer Natur, aus sehr grundsätzlichen Erwägungen heraus scheitern müssen.[73] Dieser so nahe liegende und auf Anhieb einleuchtende Grundsatz «Tue das, was die Folgen optimiert» gerät in einen nicht auflösbaren Konflikt mit individuellen Rechten und Freiheiten, der persönlichen Integrität und der sozialen Kooperation. Den ersten dieser Konflikte haben wir oben implizit schon angesprochen. Der zweite Konflikt liegt darin begründet, dass die Bindung an Projekte, an längerfristige Vorhaben, die meinem Leben Struktur und Sinn verleihen, mit der je punktuellen Optimierung meines Handelns unvereinbar ist. Der dritte Konflikt erwächst daraus, dass stabile soziale Kooperationsbeziehungen nur möglich sind, wenn die beteiligten Akteure davon absehen, jeweils ihre Folgenerwägungen individuell zu optimieren. Sie müssen strukturell rational[74] handeln, d. h. sich an bestimmte Regeln halten, die durch die Interaktionsstrukturen gegeben sind – auch dann, wenn dies im Einzelfall bedeutet, die Folgen des Handelns nicht zu optimieren. Konsequentialistische Theorien der Rationalität und der Moral sind daher inadäquat. Die Alternative ist, deontologische Kriterien der Rationalität und der Moral zu Grunde zu legen. Tatsächlich ist auch unsere lebensweltliche Moralität, das, was Hegelianer gerne «Sittlichkeit» nennen, von deontologischen Normen und nicht von konsequentialistischen bestimmt. Dies besagt natürlich keineswegs, dass Nutzen- und Folgenabwägungen moralisch irrelevant seien. Ja, man kann dies sogar zu der These zuspitzen, dass jede deontologische Norm, die etwas unabhängig von seinen Folgen zur Pflicht macht, für konsequentialistische Abschwächungen offen sein muss, d. h., dass es Extremsituationen geben kann, in denen aufgrund der Erwartung extremer Folgen diese Norm außer Kraft gesetzt ist. Dies ist auch im Rechtssystem verankert (etwa im so genannten übergesetzlichen Notstand).

Jede deontologische Ethik (und Rationalitätstheorie) beinhaltet eine Zumutung: Nämlich sehenden Auges schlechtere Folgen in Kauf nehmen zu sollen als nötig. Diese Zumutung ist darin begründet, dass nur so die Stabilität der Interaktionsbeziehungen und Kohärenz des eigenen Lebens gesichert werden kann. Der punktuelle Optimierer zerfällt gewissermaßen in Einzelteile und wäre als Person hinter seinen Handlungen nicht mehr erkennbar. Der punktuelle Optimierer schiede als Kooperationspartner für andere aus. Der *homo oeconomicus* ist eine spezifische Variante des punktuellen Optimierers; er optimiert – je nach Modell und seinen intendierten Anwendungen – Einkommen oder Gewinn oder andere als ökonomische Größe möglichst monetär repräsentierbare Güter. Der punktuelle Optimierer generell und der *homo oeconomicus* speziell sind als Handlungstypen nur möglich, wenn Strukturen als gegeben vorausgesetzt werden können. Insofern zehren der punktuelle Optimierer und der *homo oeconomicus* von dem, was sie selbst nicht schaffen: Regeln, an die sich alle halten, Strukturen, die Kooperation erst sichern, Projekte, die dem eigenen Leben Sinn geben. Der Unterschied zwischen nicht-konsequentialistischen und konsequentialistischen Moral- und Rationalitätskonzeptionen bzw. zwischen deontologischen und teleologischen reicht jedoch tiefer: Letztlich dreht sich der Konflikt um die Frage, welchen normativen Status Handlungen haben. Ist die Handlung einer Person (eine ganze Handlungsweise, ihre Lebensform, die etablierten Interaktionsstrukturen und Gesellschaftsformen) lediglich von instrumentellem Wert? Wissen wir erst, was wertvoll ist, und bestimmen dann die Handlung als Instrument, diesen Wert zu realisieren? Oder können wir – jedenfalls in vielen Fällen – erst dann bestimmen, was Wert hat, wenn wir wissen, durch welche Handlungen (Handlungsweisen, Lebensformen etc.) sich dieser Wert realisiert? Wenn die heute gebräuchlichen Terminologien nicht schon widersprüchlich und verwirrend genug wären, würde ich vorschlagen, eine Unterscheidung vorzunehmen, die zwar mit dem Gegensatz von deontologisch und teleologisch etwas zu tun hat, die aber eine tiefere, metaphysische oder erkenntnistheoretische Dimension markiert. *Axiologische* Theorien wären demnach solche, die Bewertungsmaße festlegen, also Theorien des Wertvollen. Und *normative* wären solche, die die Angemessenheit oder Richtigkeit einer Entscheidung oder einer Handlung (einer Handlungsweise, einer Lebensform etc.) zum Gegenstand haben. Mit dieser Terminologie ließe sich eine These prägnant formulieren, die in den Bereich der ethischen Metaphysik oder ethischen Erkenntnistheorie gehört:

(a) Normative Theorien lassen sich aus axiologischen nicht deduzieren. Anders formuliert: Axiologische Theorien haben keine epistemische Priorität gegenüber normativen. Wenn ich weiß, was wertvoll ist (Verteilungen, Zustände, Gesellschaftsformationen etc.), dann weiß ich noch nicht, was richtig ist, was getan werden sollte, welche Entscheidung angemessen ist. Das Verhältnis zwischen Werten und Normen ist komplexer. Normen sind nicht derivativ.

(b) Die Eigenständigkeit des Normativen gegenüber dem Axiologischen lässt sich verschärfen zu der These, dass das Axiologische gegenüber dem Normativen derivativ sei. Wir wissen nicht zuerst, was den Wert von Handlungsfolgen ausmacht, und bestimmen dann, welche Handlungen richtig sind, sondern es ist die Kenntnis der Angemessenheit von Handlungen (Handlungsweisen, Lebensformen etc.), die dann auch andere Entitäten mehr oder weniger wertvoll erscheinen lässt. Es gibt ein Primat des Normativen gegenüber dem Axiologischen. Deontologische Theorien sind Ausdruck der Anerkenntnis dieses Primates des Normativen gegenüber dem Axiologischen.

(c) Selbst diejenigen, die an einem Primat des Axiologischen festhalten, werden angesichts spieltheoretischer und generell entscheidungstheoretischer Ergebnisse in ein Dilemma geführt: Wenn die jeweilige Handlung das Gute optimiert, so ist in vielen Fällen das Ergebnis mehrerer solcher, je einzeln optimierender Handlungen suboptimal. Mit anderen Worten: Es wäre besser gewesen, wenn alle oder jedenfalls einzelne dieser Handlungen nicht optimierend (bezüglich des angenommenen Bewertungsmaßes) gewesen wären, dies würde die Realisierung des Guten in höherem Maße befördert haben. Daraus ergibt sich ein Dilemma, weil dies den Optimierer vor folgende Alternativen stellt: Entweder er lässt zu, dass das einzig intrinsisch Wertvolle (entsprechend dem axiologischen Maß) nicht optimiert wird, weil die Folge jeweils optimierender Handlungen zusammengenommen nicht optimiert; oder er geht von der je einzelnen Optimierung ab, muss sich dann aber auf Regeln (allgemeiner: auf Strukturen) einlassen, die die Angemessenheit oder Richtigkeit einer Entscheidung oder einer Handlung (mit-)bestimmen. Solche

Regeln oder Strukturen sind jedoch in der Hinsicht deontologischer Natur, als ihre je punktuelle Befolgung, ihre Befolgung durch die einzelne Handlung, nicht dadurch gerechtfertigt werden kann, dass die Folgen optimiert werden. Diese Regeln oder Strukturen erhalten also einen eigenen normativen Status aus der Sicht des einzelnen Akteurs, konfrontiert mit einer konkreten Entscheidungssituation. Dies gilt unbeschadet der Tatsache, dass der Vertreter einer axiologischen Ethik daran festhalten wird, dass die Regeln oder Strukturen insgesamt betrachtet lediglich einen instrumentellen Status hätten, also im Hinblick auf ihre günstigen Wirkungen für die Realisierung des Guten ausgewählt sind. Dieser hier nur skizzierte Aspekt weist jedenfalls darauf hin, dass der axiologischen Position eine Tendenz der Selbstauflösung innewohnt.

Damit sind wir nun gerüstet, um präzise zu bestimmen, was eine *deontologische* Bestimmung von Freiheit und Gleichheit ausmacht. Wenn Freiheit wirklich axiologisch zu verstehen wäre, so würden wir eine Gesellschaft vorziehen, in der möglichst viel Freiheit realisiert ist, und zwar auch dann, wenn dies im Einzelfall nur dadurch zu erreichen wäre, dass Einzelne ihre Freiheit verlören. Die (Kantische) Freiheit ist jedoch nicht axiologisch, sondern normativ zu verstehen. Es geht nicht um die Maximierung eines Wertes, sondern es geht um Regeln, denen unser Handeln folgen sollte. Eine Person ist frei, sofern sie autonom leben kann. Ein deontologisches Verständnis von Freiheit verlangt, dass wir uns aller Handlungen enthalten, die diese je individuelle Autonomie gefährden könnten. Es ist auch dann unzulässig, die Freiheit einer Person, d. h. ihre Möglichkeit und Fähigkeit, aus eigenen

Gründen heraus zu urteilen und zu handeln, einzuschränken, wenn diese Einschränkung bei anderen Personen ein Mehr an Freiheit nach sich zöge. In der Tat ist schwer vorstellbar, wie dieses Mehr an Freiheit überhaupt zu bestimmen wäre, da Autonomie keine quantitativ messbare Größe ist. Für Kant ist Autonomie auch in dem Sinne absolut zu verstehen, als Abstufungen in dieser ursprünglichen Begrifflichkeit nicht vorgesehen sind. Ich habe dagegen ein gradualistisches Verständnis von Rationalität vorausgesetzt, das ein Mehr oder Weniger an Rationalität, d.h. ein Mehr oder Weniger, sich von (guten) Gründen affizieren zu lassen, annimmt.[75] Aber für beide, für die absolutistische wie für die gradualistische Vorstellung von Freiheit als Autonomie, ist eine deontologische Interpretation die angemessene. Selbst wenn fünf Menschen an Autonomie ihres Lebens gewinnen könnten, indem wir einem Menschen die Möglichkeiten der autonomen Lebensgestaltung nähmen, so wäre dies trotz einer positiven Gesamtbilanz unzulässig. Nach deontologischem Verständnis geht es um Regeln, die das Handeln bestimmen, und zu diesen Regeln gehört, dass wir die Autonomie einer Person nicht einschränken dürfen, oder jedenfalls nur dann einschränken dürfen, wenn dies nötig ist, um die Autonomie anderer Personen gleichermaßen zu sichern. Und damit ist das Stichwort gefallen: Dieses deontologische Verständnis von Freiheit verlangt zwingend eine Gleichheitskomponente. Es geht um gleiche je individuelle Autonomie. Es geht darum, dass wir alle in gleichem Maße respektieren, dass wir niemandem die Möglichkeiten der autonomen Lebensgestaltung nehmen, allen also die maximale gleiche Autonomie zuerkennen, wie immer sich auch die konkrete individuelle Realisierung dieser Autonomie lebensweltlich darstellt. Das Kantische Instrumentalisierungsverbot ist, ohne Gleichheit in die Bestimmung deontologischer Freiheit einzubeziehen, gar nicht verständlich zu machen. Das Verrechnungsgebot wird erfüllt, wenn wir so handeln, dass die je gleiche Anerkennung als autonom Handelnde unser Verhalten bestimmt. Wir erkennen alle gleichermaßen als autonom an, auch wenn wir in der lebensweltlichen Praxis Rücksicht nehmen auf Unterschiede des Beurteilungsvermögens und der Entscheidungskompetenz. Diese Rücksichtnahmen dürfen aber nie zu einem Oktroi führen. Sie führen zu Asymmetrien, aber solchen, die alle Beteiligten als ursprünglich Gleiche hinsichtlich ihrer Rolle als autonome Akteure akzeptieren können. Das ist der Unterschied zwischen der *sophrosyne* der Gefesselten in der Platonischen Höhle, die sich – ohne Anerkennung ihrer Autonomie – denen, die besser urteilen können, anvertrauen sollen, und den Bürgern einer Kantischen Republik, die sich wechselseitig gleiche Autonomie zubilligen, wohl wissend, dass das Urteilsvermögen und die Entscheidungskompetenz unterschiedlich entwickelt sind und es sinnvoll ist, sich auch als Freie dem besseren Urteil und der kompetenteren Entscheidung anzuvertrauen. Die platonische Ausgangslage ist die der Ungleichheit, die Kantische die der Gleichheit. Ein deontologisches Verständnis von Freiheit impliziert Anerkennung gleicher Autonomie.

Entsprechend ist der Kern des deontologischen Verständnisses von Gleichheit die im Handeln wirksame gleiche Anerkennung aller als autonome Akteure, als Personen in ihrer je individuellen menschlichen Würde. Deontologische Gleichheit verlangt nicht nur, die jeweilige Autonomie der Personen anzuerkennen, sondern niemandem Grund zu geben, sich gekränkt zu fühlen. Die gleiche menschliche Würde ist der Nukleus eines umfassenderen Postulats der Gleichbehandlung, der Gleichbeachtung, des gleichen Respekts. Menschen fühlen sich daher zu Recht gekränkt, wenn Akteure ohne Grund einzelne Personen schlechter als andere behandeln, auch wenn sich dies jenseits dessen abspielt, was man als soziale Exklusion bezeichnen kann. Der gleiche Respekt gebietet Gleichbehandlung, außer es gibt Grund für unterschiedliche Behandlung. Wenn also ein zentraler Akteur ein Gut einer bestimmten Art, seien es Ressourcen oder Fähigkeiten oder Wohlfahrt verteilt, dann hat dieser Akteur dieses Gut ganz unabhängig von seinem Charakter gleich zu verteilen, außer es gibt Grund, es ungleich zu verteilen. Ein solcher Grund kann in unterschiedlichen Meriten, in unterschiedlichen Bedürfnissen, in unterschiedlichen Lebenslagen, in unterschiedlicher Leistungskraft und in vielem mehr bestehen. Es ist falsch, was Harry Frankfurt und andere Protagonisten des Non-Egalitarismus meinen,[76] dass nämlich das, was als Gebot der politischen Gleichheit eingefordert wird, keine Rolle mehr spiele, sobald man sich auf Suffizienzkriterien geeinigt habe. Es ist falsch, weil der gleiche Respekt gleiche Behandlung gebietet. Ein deontologisches Verständnis verpflichtet daher den jeweiligen Akteur, der Güter zu verteilen hat, zur Gleichverteilung, außer er hat Gründe zur Ungleichverteilung, oder anders formuliert: Güter sind nicht willkürlich, sondern so zu verteilen, dass diese Verteilung von rationalen, gleichgestellten Personen aus ihrer je individuellen Perspektive bei Berücksichtigung normativer universeller Kriterien akzeptiert werden kann. Die Gleichverteilung ist nicht irgendeine, sondern eine ganz besondere Verteilung, nämlich eine solche, die mangels vorliegender Gründe für Ungleichverteilung die gebotene ist. Wohlgemerkt, es geht hier um eine *Handlung*, nicht um einen Zustand, nicht um eine Güterallokation. Wir bewegen uns im Reich des Normativen, nicht des Axiologischen.

VII. Balance zwischen Freiheit und Gleichheit

Die Eskamotierung der Norm der Gleichheit, auch ihre Ersetzung durch Suffizienz bzw. Solidarität, kann damit als gescheitert gelten. Dennoch gibt es eine Form des Egalitarismus, die zu Recht von den neuen Non-Egalitaristen kritisiert wird. Dies ist die axiologische. Man sieht Verteilungen nicht an, wie sie zustande gekommen sind. Man kann sie normativ nicht beurteilen. Man weiß nicht, welche Handlungen zu den Verteilungen geführt haben, und wenn Handlungen das Zentrum der Beurteilung bilden, dann weiß man nicht, ob eine Verteilung besser oder schlechter ist, wenn man lediglich ihre Struktur kennt. Die streng deontologische Position, die lediglich der normativen und nicht der axiologischen Beurteilung einen Stellenwert beimisst, kann damit alle non-egalitären Argumente akzeptieren, sofern sich diese gegen die intrinsische Rolle von Gleichheit von Verteilungen selbst – im Sinne von Strukturen der Verteilung (nicht von Akten der Verteilung) – richtet. Aber es bliebe immer noch die Frage, ob politisch institutionalisierte Umverteilungsinstanzen überhaupt legitim sind oder – wenn sie legitim sind – in welchem Umfange sie legitim sind. Manche werden das modifizieren wollen: Es mag sein, dass sie auch in großem Umfange legitim sind, aber sie sind nicht effizient. Der Staat versagt regelmäßig als Verteilungsinstanz; der Markt sollte diese Rolle übernehmen. Es ist hier nicht der Ort, diese schwierige Frage zu klären, aber ich möchte einen philosophischen Aspekt dieser Frage hervorheben: Es ist die Balance von Freiheit und Gleichheit. Autonome Akteure können untereinander Verträge schließen, wenn sie keine Wirkung auf Dritte haben und wenn diese Verträge den Kernbereich ihrer je individuellen Autonomie nicht gefährden. Vertragsfreiheit in diesem Sinne ist ein Zeichen für eine Gesellschaft, die ihren Mitgliedern etwas zutraut, die nicht paternalistisch ist und – natürlich – nicht totalitär. Das, was Michael Walzer als komplexe Gleichheit beschrieben hat[77] und was im Wesentlichen darauf hinausläuft, dass keine Sphäre der Verteilung von Gütern die Verteilung von Gütern einer anderen oder aller anderen Sphären dominieren sollte, ist in der Tat Element einer pluralistischen, den Individuen vertrauenden, eben freiheitlichen Gesellschaft. Zu diesen Sphären gehört zum Beispiel die ökonomische, aber auch die der Zugehörigkeit zu Gemeinschaften (*membership*), ebenso die Familie oder der Staat. Der Markt als dominantes Organisationsprinzip der Verteilung würde diesem Pluralismus zuwiderlaufen. Der Staat als zentrale Allokationsbehörde, die Güter ganz unterschiedlichen Typs je individuell zuordnet, würde sich nicht nur überheben, sondern würde ebenso mit dieser Bedingung einer pluralistischen freiheitlichen Gesellschaft kollidieren. Individuen Autonomie zuzuerkennen, sie in diesem Sinne zu respektieren, heißt, die staatlichen Agenturen der Zuteilung einzuschränken. Dort, wo sie tätig sind, sind sie Gleichheitsprinzipien verpflichtet, d. h. sie müssen Ungleichverteilungen rechtfertigen. Gleichbehandlung impliziert Gleichverteilung, außer es gibt gute Gründe für Ungleichverteilung, die mit Gleichbehandlung dann verträglich ist. Anders ausgedrückt: Gute Gründe für eine Ungleichverteilung sind gerade solche, die zeigen, dass diese spezifische Ungleichverteilung keine Ungleichbehandlung bedeutet. Die Willkürgrenzen dafür sind eng gezogen. Eine gute Gesellschaft wird eine Balance herstellen zwischen der Eigendynamik von Vertragsschlüssen zwischen Individuen auf dem ökonomischen Markt und außerhalb des ökonomischen Marktes in Sphären des bürgerschaftlichen Engagements, in familiären und anderen Formen der privaten Bindungen, in Geselligkeit, Sport, Kultur, Wissenschaft usw. Die staatlichen Institutionen werden darauf achten, dass diese Autonomie des Vertragsschlusses und der Kooperation generell mit einer Politik der Inklusion verträglich bleibt, also die Marginalisierung ganzer Bevölkerungsgruppen durch entsprechende Regelsetzung, aber auch durch staatliche Umverteilung und die Sicherung von sozialen Mindeststandards ausschließen. Der abgaben- oder steuerfinanzierte Sozialstaat bildet in der politischen Realität ein komplexes Netzwerk solcher Vorkehrungen, die Marginalisierung verhindern und eine vernünftige längerfristige Lebensplanung je individuell ermöglichen sollen. Dies spricht dafür, von staatlicher Seite eher auf die Förderung der Fähigkeiten einerseits und die Bereitstellung der notwendigen Ressourcen andererseits zu achten,[78] denn auf die Verteilung von Wohlergehen (*welfare*). Jeder Einzelne ist Autor seines Lebens und muss sich an Verzweigungspunkten immer wieder neu entscheiden, was für ihn wirklich wichtig ist, welchem Aspekt seines Lebens er besondere Bedeutung beimisst. Die Konzentration auf Fähigkeiten, flankiert von Ressourcen, die für eine längerfristige Lebensplanung wichtig sind, ist Ausdruck des Respekts, den staatliche Institutionen gegenüber der Autonomie des Einzelnen haben sollten. Im hier vertretenen deontologischen Verständnis geht es um die normative Bestimmung angemessenen Handelns. Im gesamten Spektrum menschlichen Handelns, vom privaten Bereich über den bürgerschaftlichen, den wirtschaftlichen und politischen, scheint mir dieses deontologische Verständnis von Freiheit und Gleichheit zu gelten.

Manche Egalitaristen formulieren das Ziel, alle Ungleichheiten der Lotterie der Natur und der sozialen Herkunft durch entsprechende Transfers zu beheben. Nur das, für das das einzelne Individuum Verantwortung trägt, das es kontrolliert und durch eigene Leistungen herbeigeführt hat, rechtfertige legitime Ungleichheiten. Alle anderen Ungleichheiten etwa der Begabung oder der Herkunft seien idealiter einzuebnen. Die ethische Prämisse hinter dieser Form des Egalitarismus lautet: Man hat keinen Anspruch auf Ressourcen oder Wohlfahrtsanteile, die nicht eigenem Zutun zu verdanken sind. Ronald Dworkin hat dazu eine komplexe Theorie entwickelt, die weitgehend marktkonform ist und sich eine gerechte Ressourcenallokation als einen Versicherungsmarkt vorstellt, der die Rolle des *natural luck* egalisiert.[79] Für *option luck*, also für diejenigen Risiken und Chancen, die frei gewählt sind, bleibt das Individuum persönlich verantwortlich und kann nicht auf die Solidargemeinschaft rechnen. Abgesehen davon, dass mit einer solchen Konzeption ein wesentlicher Teil sozialstaatlicher Regelungen obsolet würde, nämlich die staatliche Hilfspflicht auch gegenüber denjenigen, die durch eigenes Verschulden in Not geraten sind, scheint mir der zentrale Irrtum dieser Form des Egalitarismus darin zu liegen, dass hier letztlich eine axiologische und keine deontologische Konzeption der Gleichheit zugrunde liegt. Ungerecht kann jemand nur von einem natürlichen oder institutionellen Akteur behandelt werden, nicht etwa durch die Natur oder Zufälle, die sich der Kontrolle natürlicher und institutioneller Akteure entziehen. Auch wenn niemand einen Anspruch haben mag auf Glücksgüter im Sinne von *natural luck*, so hat auch niemand Anspruch darauf, dass die Ungleichheiten der natürlichen (und sozialen und kulturellen etc.) Lotterie egalisiert werden. Der Staat kann lediglich gegen existentielle Risiken einen gleichen Schutz anbieten. Gleichheit besteht dann nicht in der Egalisierung von *natural luck*, sondern in der gleichen Sicherung gegenüber existentiellen Risiken und damit in der Bereitstellung derjenigen Bedingungen, die erforderlich sind, um Autor seines eigenen Lebens zu sein. Ein wesentliches Element dieser Bedingungen ist die Planbarkeit des eigenen Lebens über besondere existentielle Situationen wie Schwangerschaft und Elternschaft, Krankheit und Invalidität, Arbeitslosigkeit und Alter hinweg. Die in den westlichen Sozialstaaten etablierten Regelungen haben sich nicht an der Egalisierung von *natural luck* orientiert, sondern an der Herstellung der Bedingungen für die Planbarkeit und die Kontrolle des eigenen Lebens. Die Entlastung von Kapital und Vermögen von steuerlichen Beiträgen zum Allgemeinwohl hat in den vergangenen Dekaden – und verschärft in Deutschland seit der Vereinigung – zu einer so hohen Belastung der staatlichen Etats und speziell des Sozialetats geführt, dass eine Reform der sozialen Sicherungssysteme unausweichlich geworden ist. Die steigende Zahl von Anspruchsberechtigten aufgrund der hohen Arbeitslosigkeit und des frühen Renteneintritts hat diese Situation noch verschärft. Bei dieser Reform sind allerdings auch die Bedingungen der Autorschaft und der Planbarkeit des eigenen Lebens beschädigt worden. Personen, die Jahrzehnte in die Arbeitslosenversicherung eingezahlt und die für ihr Alter und die Unterstützung ihrer Kinder vorgesorgt haben, müssen nun, dank Hartz IV, erst ihre eigene Bedürftigkeit herstellen, d. h. ihre gesamte Vorsorgeleistung über eine lange Lebensspanne vernichten, um jenseits des ersten Jahres Anspruch auf Zahlungen von Arbeitslosengeld zu haben.

Dieses Beispiel zeigt, dass man das zentrale Element des Sozialstaats nicht erfasst, wenn man die Transferleistungen als Hilfe der Leistungsfähigen gegenüber den Bedürftigen charakterisiert. Ein Sozialstaat, der sich so verstünde, würde sich in die Tradition des Armenrechtes, d. h. der lediglich karitativen Leistungen stellen; für ihn wären Leistungen, die der Sozialstaat unabhängig von Bedürftigkeit bereitstellt, skandalös. Angemessener ist es, den Sozialstaat als umfassenden Kontrakt zu verstehen, in dem sich die Beteiligten wechselseitig versichern, dass sie für den Fall, dass einer ausfällt (wegen Krankheit, Invalidität, Elternschaft oder Alter), dafür sorgen, dass er weiterhin ein Leben nach eigenen Vorstellungen führen kann – wie groß die materiellen Einbußen auch sein mögen. Hier ist nicht die Bedürftigkeit das entscheidende Motiv der Transferleistungen, sondern die Kontrolle der eigenen Lebensführung. Das kontraktualistische Paradigma – und damit das Paradigma der Kooperation – reicht in dieser Perspektive sehr weit. Wenn man den Kontrakt als einen fiktiven unter Fairnessbedingungen versteht, der den moralischen Standpunkt der Bürgerinnen und Bürger zum Ausdruck bringt, wie es bei John Rawls angelegt ist, dann lässt sich sogar die Armenhilfe als Ausdruck einer vertraglichen Übereinkunft, jetzt allerdings nicht mehr lediglich interessengeleitet, sondern zugleich moralgeleitet, verstehen. Die vertragliche Übereinkunft ist Ausdruck bürgerlicher Freiheit. Ihr Inhalt ist die Sicherstellung gleicher Würde auch unter existentiell schwierigen Bedingungen. Die zentrale Rolle des Vertragsargumentes für die Entstehung und Legitimation der bürgerlichen Gesellschaft und damit der modernen Demokratie ist Ausdruck einer angemessenen Balance von Freiheit und Gleichheit. Staatliche Institutionen müssen im Prinzip auf dem Konsens aller Bürgerinnen und Bürger beruhen. Ihre je individuelle Freiheit erlaubt keine Zwangsordnung. Als (normativ) Gleiche schließen sie einen Vertrag, und der Inhalt dieses Vertrages sichert reale Gleichheit im Sinne gleicher Würde und gleicher Autorschaft des eigenen Lebens über unterschiedliche existentielle Lagen hinweg.

Anmerkungen

1 Die Thematik dieses ersten Kapitels war auch Gegenstand meiner Antrittsvorlesung am 21. Juni 2004 anlässlich meines Wechsels von einem Lehrstuhl für Philosopie an der Universität Göttingen, den ich in der Nachfolge Günther Patzigs seit 1993 innegehabt hatte, auf einen Lehrstuhl für Politische Theorie und Philosophie an der Ludwig-Maximilians-Universität München. Eine redigierte Tonbandabschrift dieses Vortrages ist 2006 in *Vernunft oder Macht?*, hg. von Otfried Höffe im Francke-Verlag erschienen.

2 Vgl. John L. Mackie, *Ethics. Inventing Right and Wrong*, Harmondsworth 1977.

3 Vgl. John L. Mackie, *Ethics. Inventing Right and Wrong*, Harmondsworth 1977, S. 38.

4 Vgl. JNR, *Demokratie als Kooperation*, Frankfurt a. M. 1999.

5 Vgl. Richard Rorty, *Solidarität oder Objektivität? Drei philosophische Essays*, Stuttgart 1988.

6 Vgl. Sebastian Conrad, *Globalisierung und Nation im Deutschen Kaiserreich*, München 2006, i. E.

7 Vgl. Dietmar von der Pfordten, «Rechtsethik», in: JNR (Hg.), *Angewandte Ethik. Die Bereichsethiken und ihre theoretische Fundierung. Ein Handbuch*, Stuttgart 2005, S. 202–301.

8 Vgl. dazu Donald Davidson, *Wahrheit und Interpretation*, Frankfurt a. M. 1990 und JNR, «Die Grenzen der Sprache», in: Internationale Hegel-Vereinigung (Hg.), *Tagungsband des Internationalen Hegel-Kongresses* 2005, Stuttgart 2006, i. E.

9 Vgl. John Rawls, *Collected Papers*, Cambridge Mass./London 1999.

10 René Descartes, *Meditationes de Prima Philosophia. Meditationen über die Erste Philosophie. Lateinisch/deutsch. Übersetzt und herausgegeben von Gerhardt Schmidt*, Stuttgart 2002, [12/13], S. 53.

11 Ebenda.

12 René Descartes, *Meditationes de Prima Philosophia. Meditationen über die Erste Philosophie. Lateinisch/deutsch. Übersetzt und herausgegeben von Gerhardt Schmidt*, Stuttgart 2002, [52/53], S. 139.

13 Ludwig Wittgenstein, *Über Gewißheit. Werkausgabe Band* 8, Bemerkungen über die Farben. Über Gewißheit. Zettel. Vermischte Bemerkungen, Frankfurt a. M. 1984, § 96, S. 140.

14 Ebenda.

15 Ebenda, § 105, S. 141.

16 Ebenda, §§ 96, 97, S. 141.

17 Vgl. JNR, *Strukturelle Rationalität. Ein philosophischer Essay über praktische Vernunft*, Stuttgart 2001, Kap. 6 (S. 100–118).

18 Vgl. Avishai Margalit, *The Decent Society*, Cambridge Mass. 1996.

19 Vgl. Bernard Williams, *Ethics and the Limits of Philosophy*, Cambridge Mass. 1985, S. 162.

20 Die Überlegungen dieses zweiten Kapitels wurden auf einer Tagung zur Interkulturellen Philosophie am 17. Juni 2004 an der Universität Köln als Eröffnungsvortrag zur Diskussion gestellt.

21 Vgl. Richard Mervyn Hare, *Die Sprache der Moral*, Frankfurt a. M. 1972. Ebenso: Ders., *Freedom and Reason*, Oxford 1963, und ders., *Moral Thinking*, Oxford 1981.

22 Siehe oben S. 29 ff.

23 Vgl. Willard van Orman Quine, *Ontological Relativity and Other Essays*, New York 1969.

24 Vgl. Immanuel Kant, *Kritik der reinen Vernunft. Gesammelte Schriften, herausgegeben von der Königlich Preußischen Akademie der Wissenschaften*, 1. Abt.: Werke, 9 Bde. (Bde. I–IX), Berlin 1902.

25 Vgl. Jeremy Bentham, *An Introduction to the Principles of Morals and Legislation. Herausgegeben von J. H. Burns und H. L. A. Hart*, London 1996.

26 Vgl. Richard Mervyn Hare, *Moral Thinking*, Oxford 1981.

27 Vgl. Peter Singer, *Praktische Ethik*, Stuttgart 1994.

28 Für eine ausführlichere Darstellung vgl. JNR, *Kritik des Konsequentialismus*, München/Wien 1995.

29 Vgl. JNR, *Über menschliche Freiheit*, Stuttgart 2005, besonders Kap. V (S. 127–160).

30 Vgl. John Rawls, *A Theory of Justice*, Oxford 1971.

31 Vgl. die letzte Ausarbeitung dieser Position in: John Rawls, «The Idea of Public Reason Revisited», in: ders., *Collected Papers*, Cambridge Mass./London 1999, S. 573–615.

32 Vgl. John Rawls, «Outline of a Decision Procedure for Ethics», in: ders., *Collected Papers*, Cambridge Mass./London 1999, S. 1–19. Ebenso: Norbert Hoerster, «John Rawls' Kohärenztheorie der

Normenbegründung», in: Otfried Höffe (Hg.), *Über John Rawls' Theorie der Gerechtigkeit*, Frankfurt a. M. 1977, S. 57–76.

33 Vgl. John Rawls, «Kantian Constructivism in Moral Theory», in: ders., *Collected Papers*, Cambridge Mass./London 1999, S. 303–358.

34 Vgl. Martha Nussbaum, *Gerechtigkeit oder das gute Leben*, Frankfurt a. M. 1999.

35 Vgl. dazu meine Überlegungen in: JNR, *Demokratie als Kooperation*, Frankfurt a. M. 1999, besonders Teil II (S. 76–169), und in: JNR, *Strukturelle Rationalität. Ein philosophischer Essay über praktische Vernunft*, Stuttgart 2001, besonders Kap. 5 (S. 85–99).

36 Vgl. etwa Christine Koorsgard, *Sources of Normativity*, Cambridge 1999 oder Onora O'Neill, *Constructions of Reason. Explorations of Kant's Practical Philosophy*, Cambridge 1990.

37 Eine Auffassung, die nicht nur, wie empirische Untersuchungen gezeigt haben, unter *Philosophy Sophomores* in den USA verbreitet ist, sondern sogar von einem bedeutenden Philosophen des 20. Jahrhunderts ausgearbeitet wurde, vgl. John L. Mackie, *Ethics. Inventing Right and Wrong*, Harmondsworth 1977.

38 Vgl. John Rawls, «Justice as Fairness: Political not Metaphysical», in: ders., *Collected Papers*, Cambridge Mass./London 1999, S. 388–414.

39 Es mag irritieren, dass ich mit der Wittgenstein'schen Perspektive eine Terminologie verbinde, die Wittgenstein fremd ist. Dies geschieht aber in voller Absicht. Wer aus exegetischen Gründen die Verbindung des Lebenswelt-Begriffes mit Wittgenstein'scher Sprachphilosophie ablehnt, dem will ich gar nicht widersprechen, da es mir hier nicht um eine exegetische Frage geht, sondern um eine systematische. In diesem Fall wäre die Interpretation, die ich den Bemerkungen über Gewissheit gebe, inadäquat, was aber nichts an meiner Überzeugung ändern würde, dass sie ein angemessenes erkenntnistheoretisches Bild vermittelt. Die üblichen antirealistischen und irrealistischen Wittgenstein-Interpretationen scheinen mir keineswegs zwingend zu sein, vgl. Sang Ha Lee, *Die realistische Perspektive. Die Rehabilitation unserer Common-Sense-Weltanschauungen in der Realismusdebatte*, Frankfurt a. M. 1999.

40 Vgl. dazu detaillierter JNR, *Strukturelle Rationalität. Ein philosophischer Essay über praktische Vernunft*, Stuttgart 2001, sowie JNR, *Entscheidungstheorie und Ethik. Zweite erweiterte Ausgabe*, München 2004.

41 Vgl. Ludwig Wittgenstein, *Philosophische Untersuchungen*, Frankfurt a. M. 1995, §§ 243–315.
42 Der Text dieses dritten Kapitels wird in modifizierter Form in einem Sammelband zur Ethik Ernst Tugendhats, hg. von Nico Scarano und Maurizio Suarez, im Verlag C. H. Beck erscheinen.
43 Ernst Tugendhat, «Das Problem einer aufgeklärten Moral», in: Nico Scarano/Maurizio Suarez (Hg.), *Ernst Tugendhats Ethik. Zwölf Auseinandersetzungen und eine Erwiderung*, München, i. E.
44 Ebenda.
45 Vgl. Alasdair MacIntyre, *Der Verlust der Tugend*, Frankfurt a. M. 1997.
46 Vgl. Jürgen Habermas, *Glauben und Wissen. Friedenspreis des Deutschen Buchhandels* 2001. Laudatio Jan Philipp Reemtsma, Frankfurt a. M. 2001.
47 Vgl. John L. Austin, *How to do Things with Words*, Oxford 1962.
48 Ernst Tugendhat, «Das Problem einer aufgeklärten Moral», in: Nico Scarano/Maurizio Suarez (Hg.), *Die Moral der Wechselseitigkeit. Auseinandersetzungen mit der Ethik Ernst Tugendhats*, Frankfurt a. M., i. E.
49 W. V. O. Quine's Aufsatz «Two Dogmas of Empiricism» hat dieser wissenschaftstheoretischen Auffassung wohl erst zum Durchbruch verholfen. Vgl. Willard van Orman Quine: «Two Dogmas of Empiricism», in: *Philosophical Review* 60 (1951), S. 20–43.
50 Natürlich gibt es in Einzelfällen offensichtliche Irrationalitäten, die sich in die wissenschaftliche Praxis eingeschlichen haben. In diesem Fall kann die allgemeine und spezielle Wissenschaftstheorie ausnahmsweise einmal eine normative Rolle spielen.
51 Vgl. Ernst Tugendhat, *Vorlesungen über Ethik*, Frankfurt a. M. 1993.
52 Vgl. Ernst Tugendhat, *Probleme der Ethik*, Stuttgart 1984, S. 57–131.
53 Vgl. Ernst Tugendhat, *Dialog in Letitia*, Frankfurt a. M. 1997.
54 Siehe Kapitel IV «Eine Verteidigung von Freiheit und Gleichheit».
55 Vgl. JNR, «Zur Reichweite theoretischer Vernunft in der Ethik», in: ders., *Ethische Essays*, Frankfurt a. M. 2001, S. 11–31.
56 Vgl. JNR, *Entscheidungstheorie und Ethik/Decision Theory and Ethics*, München 2005, S. 110–149.
57 Joseph Butler, *Fifteen Sermons*, London 1726.
58 Eine Kurzfassung dieses vierten Kapitels erschien am 13. September 2005 in der *Frankfurter Rundschau*, die Langfassung wurde von der *Zeitschrift für Politik* in Heft 1/2006 publiziert.

59 Solange das Verhältnis konsequentialistischer und deontologischer Bestimmungen nicht thematisch wird, können diese beiden Charakterisierungen als austauschbar gelten. Vgl. dazu auch: JNR, *Kritik des Konsequentialismus*, München/Wien 1995.

60 Dieser Terminus «libertär» weist eine durchaus schillernde Begriffsgeschichte auf. Unterschiedliche Spielarten des Anarchismus haben sich als libertär bezeichnet. Manche Strömungen des Sozialismus, die sich von der totalitären Tendenz abgrenzen wollten, haben sich als libertär bezeichnet. Positionen, die sich als libertär bezeichnen, gibt und gab es sowohl links wie rechts im politischen Spektrum. Der «rechte» Libertarismus verteidigt den kapitalistischen Markt, der «linke» ist kapitalismuskritisch und wendet sich nicht nur gegen die staatliche Autorität und staatliche Institutionen, sondern auch gegen das Privateigentum generell oder jedenfalls das Privateigentum an Produktionsmitteln.

61 Auch diese Charakterisierung hat eine schillernde Begriffsgeschichte hinter sich. In kommunistischen Utopien spielt das Versprechen einer Freiheit für Alle eine wesentliche Rolle. Dennoch scheint es mir nicht unfair zu sein, angesichts des realen historischen Wirkens kommunistischer Bewegungen, sie durch die Grundposition eines Primats der Gleichheit vor der Freiheit zu charakterisieren.

62 Vgl. Robert Nozick, *Anarchy, State, and Utopia*, Oxford 1974.

63 Die Termini «ethisch» und «moralisch» werden hier in ihrer konventionellen Bedeutung gebraucht, d. h. «ethisch» bezieht sich auf die philosophische Subdisziplin der Ethik und «moralisch» auf außer-wissenschaftliche normative Phänomene. Allerdings gibt es nach meiner Auffassung einen fließenden Übergang zwischen moralischen und ethischen Urteilen, die lediglich im Grade der Systematisierung und der Theorieabhängigkeit zu unterscheiden sind. «Ethisch» steht also nicht für das lebensweltlich Normative gegenüber dem universelle Geltung beanspruchenden «Moralischen» – wie etwa bei Jürgen Habermas.

64 Vgl. John Rawls, «Justice as Fairness: Political not Metaphysical», in: ders., *Collected Papers*, Cambridge Mass./London 1999, S. 388–414.

65 Ich verwende diesen Terminus «instituieren» in etwa der Bedeutung, wie Robert Brandom von «institute» spricht, vgl. Robert Brandom, *Making it Explicit: Reasoning, Representing and Discursive Commitment*, Cambridge Mass. 1994.

66 Vgl. etwa Harry Frankfurt, «Equality and Respect», in: *Social Research* 64 (1997), S. 3–15. Zur neuen Egalitarismuskritik vgl. auch die Einführung von Angelika Krebs und die Beiträge von Harry Frankfurt, Joseph Raz, Derek Parfit, Avishai Margalit, Elisabeth Anderson und Michael Walzer in: Angelika Krebs (Hg.), *Gleichheit oder Gerechtigkeit*, Frankfurt a. M. 2000.

67 Vgl. Alexis de Tocqueville, *L'ancien régime et la révolution*, Paris 1856.

68 Vgl. Avishai Margalit, *The Decent Society*, Cambridge Mass. 1996 sowie ders., «Decent Equality and Freedom: A Postscript», in: *Social Research* 64 (1997), S. 147–160.

69 Als wichtigste Vertreter gelten: Robert Dworkin, Thomas Nagel, Philippe van Parijs, G. A. Cohen und Richard Arneson. Vgl. Ronald Dworkin mit seinen vier voluminösen und detaillierten Artikeln zu «equality», in: *Philosophy and Public Affairs* 10 (1981), S. 185–246 und S. 283–345, in: *Iowa Law Journal* 73 (1987), S. 54–72 und in: *San Francisco Law Review* 22 (1987), S. 1–30 sowie ders., *Souvereign Virtue. The Theory and Practice of Equality*, Cambridge Mass. 2000, S. 11–210; Thomas Nagel, «Equality», in: ders., *Mortal Questions*, Cambridge Mass. 1979 sowie ders., *Equality and Partiality*, Oxford 1991; Philippe van Parijs, *Real Freedom for All: What (if Anything) Can Justify Capitalism?*, Oxford 1995; Gerald Cohen, «Equality of What? On Welfare, Goods, and Capabilities», in: Martha Nussbaum/Amartya Sen (Hg.), *The Quality of Life*, Oxford 1993, S.9–29; Richard Arneson, «Equality and Equal Opportunity for Welfare», in: *Philosophical Studies* 56 (1989), S. 77–93. Für eine kritische Auseinandersetzung mit diesen Formen des Egalitarismus vgl. Elisabeth Anderson, «What is the Point of Equality?», in: *Ethics* 109, (1999), S. 287–337.

70 Ausführlicher habe ich mich mit dieser Frage auseinander gesetzt in: JNR, *Über menschliche Freiheit*, Stuttgart 2005, Kap. V. «Warum Menschenwürde auf Freiheit beruht» (insbesondere: S. 131–140).

71 Vgl. John Rawls, *A Theory of Justice*, Oxford 1971 (insbesondere §§ 8, 31–35).

72 Unter dem Erwartungswert versteht man die mit den Wahrscheinlichkeiten gewichteten Werte der möglichen Konsequenzen der Entscheidung.

73 Vgl. JNR, *Kritik des Konsequentialismus*, München/Wien 1995.

74 Ausführlich habe ich das dargestellt in: JNR, *Strukturelle Rationalität. Ein philosophischer Essay über praktische Vernunft*, Stuttgart 2001.

75 Vgl. JNR, *Strukturelle Rationalität. Ein philosophischer Essay über praktische Vernunft*, Stuttgart 2001.

76 Siehe FN 66.

77 Vgl. Michael Walzer, *Spheres of Justice. A Defense of Pluralism and Equality*, New York 1983; in deutscher Übersetzung ders., *Sphären der Gerechtigkeit. Ein Plädoyer für Pluralität und Gleichheit*, Frankfurt a. M. 1992.

78 Vgl. Martha Nussbaum, *Women and Human Development: The Capabilities Approach*, Cambridge Mass. 2000.

79 Vgl. Ronald Dworkin, «What is Equality? Part 1: Equality of Welfare», in: *Philosophy and Public Affairs* 10 (1981), S. 185–246 und ders., «What is Equality? Part 2: Equality of Resources», in: *Philosophy and Public Affairs* 10 (1981), S. 283–385.